KB066420

불안의 힘

불안의 힘

초판 1쇄 2022년 06월 29일
지은이 허진희 | **펴낸이** 송영화 | **펴낸곳** 굿위즈덤 | **총괄** 임종익
등록 제 2020-000123호 | **주소** 서울시 마포구 양화로 133 서교타워 711호
전화 02) 322-7803 | **팩스** 02) 6007-1845 | **이메일** gwbooks@hanmail.net

© 허진희, 굿위즈덤 2022, *Printed in Korea*.

ISBN 979-11-92259-24-6 03190 | 값 15,000원

※ 파본은 본사나 구입하신 서점에서 교환해드립니다.
※ 이 책에 실린 모든 콘텐츠는 굿위즈덤이 저작권자와의 계약에 따라 발행한 것이므로
   인용하시거나 참고하실 경우 반드시 본사의 허락을 받으셔야 합니다.
※ **굿위즈덤**은 당신의 상상이 현실이 되도록 돕습니다.

우리 안의 생존 프로그램을 현명하게 사용하는 법

불안의 힘

허진희

지음

"어느 날, 갑자기 불안이 찾아왔다"

당신 안의 부정적인 감정을 제대로 알고 똑똑하게 조절하라

굿위즈덤

프롤로그

'긍정적인 사람은 한계가 없고, 부정적인 사람은 한 게 없다.' 우아한 형제들 박용후 총괄이사의 말이다. 나는 세상에서 내가 제일 힘든 줄 알았다. 그리고 나를 보호하기 위해 거짓웃음으로 무장하며 살았다. 나를 지켜줄 수 있는 사람은 나 밖에 없다는 착각 속에 빠져 있었다. 나는 세상이 무서웠고 외로움이 무서웠다. 나를 강인하게 만들어 줄 무언가가 필요했다. 그래서 '달려라 하니'라는 별명을 나에게 지어주었다.

나는 왜 세상을 무서워했을까? 나는 대학동기들로부터 비현실적이라는 말을 자주 들었다. "진희야, 너는 너무 긍정적이야. 이 험한 세상 어떻게 살아가려고 그래! 긍정도 적당히 해야지!" 나는 그들의 조언을 귀담아 들었어야 했다. 나의 20대는 실패와 좌절의 연속이었다. 그러면서 나의 자신감도 자존감도 바닥을 쳤다. 그리고 나는 세상도 사람도 무서워졌다.

언제부터인가 나는 사람들의 시선을 중요하게 생각했다. 못난 내 모습을 들킬까봐 불안했던 것 같다.

"네가 대수롭지 않게 받아들이면, 남들도 대수롭지 않게 생각하고,
네가 심각하게 받아들이면, 남들도 심각하게 생각해.
세상 모든 일이 다 그래. 항상 네가 먼저야."

드라마 〈나의 아저씨〉에 나오는 명대사이다. 우리는 대수롭지 않게 생각해도 되는 것을 심각하게 생각한다. 불안이 불안을 키우듯, 생각이 생

각을 키운다. 과거의 나는 불안을 극복하지도 못했고 끌어안지도 못했다.

우리 둘째 아이가 물었다. "엄마는 뒤통수에도 눈이 있어?" "그럼, 엄마는 뒤통수에도 눈이 있어서 너희들이 뭘 하는지 다 알지!"

우리는 자신의 마음을 들여다볼 수 있는 눈을 가져야 한다. 나를 돌본다는 것은 자신을 자주 들여다보는 것이다. 항상 자신이 먼저다. 오늘도 빛나는 너와 나 그리고 우리 모두에게 사랑을...그리고 용기를!

CONTENTS

PART 1   어느 날 갑자기 불안이 찾아왔다

어느 날 갑자기
불안이
찾아왔다

나는 내가 우울하다고 느끼지 못했다

나는 내가 우울하다고 느끼지 못했다. 나의 지인들이 나에게 이렇게 말했다. "진희야, 내가 보기엔 너… 아무래도 우울 증상이 있는 것 같아." "진희야, 요즘 힘들지 않니? 무표정한 네 얼굴이 조금 걱정이 돼서 물어보는 거야." 나는 지인들의 말에 갸우뚱했다. 나는 내 마음을 들여다볼 정신적 여유가 없었다.

나는 아이들이 잠든 후, 집 근처 술집에 자주 갔다. 술을 좋아해서가 아니라 그냥 혼자 있고 싶었다. 좁은 집에서 혼자 있을 공간은 화장실밖에 없었기 때문이다. 나는 항상 간단한 안주와 생맥주를 시켰다. 술도 안

주도 매번 남기고 왔지만 혼자 있는 그 시간이 좋았다.

"술만 시키셔도 돼요. 안주 별로 드시지도 않는데… 정말 술만 시키셔도 되니 편하게 오세요." 단골 가게 사장님이 말했다. 나는 맥주 한 모금과 자유 시간을 즐겼다. 사장님과 나는 같은 고향 출신이었다. 그리고 사장님도 아이가 셋이었다.

사장님이 부쩍 피곤해 보였다. 그래서 나는 사장님에게 안부를 물었다. "사장님, 요새 많이 피곤해 보이시는데 어디 아프세요?", "마누라가 중국에 갔어요. 원래 무역업을 했었는데 다시 한다고 갔어요. 그래서 요즘 애들 보느라 가게 일 하느라 정신이 없어요." 사장님이 말했다. "사장님, 그럼 애들은 누가 봐요?" "어머니가 애들 봐주고, 첫째가 커서 애들을 돌봐주기도 하구요." 나는 사장님의 말에 조금 놀랐다. 왜냐하면 엄마가 몇 달씩 집을 비운다는 것은 나로서는 상상할 수 없는 일이었기 때문이다.

사장님은 부인에 대한 감사함을 느낀다고 말했다. "엄마들의 고충을 조금 알 것 같아요. 요즘 제가 육아 스트레스 때문에 정신적으로 힘든 것 같아요. 그래도 애들 엄마가 중국 간다고 했을 때 잘 보내준 것 같아요. 그동안 애들 키우느라 얼마나 힘들었을지…".

나는 사장님 부인이 부러웠다. 자신의 꿈을 펼치기 위해 용기 낸 그녀가 대단하게 느껴졌다. 지지해주는 남편이 있는 것도 부러웠다. 나는 맥주 한잔의 일탈이 아닌 진짜 일탈을 하고 싶었다. 사장님의 이야기를 듣고 난 후, 내가 우울증일 수도 있겠다는 생각이 들었다.

"언니, 애들 등원시켜놓고 커피 한잔하자."라고 아는 동생이 말했다. 나는 사람들을 만나는 것도 싫고 혼자 있는 시간이 좋았다. "언니, 언제 만날 거야? 많이 바빠?" 얼마 후, 다시 그 동생에게서 연락이 왔다. "미안해. 몸이 좀 안 좋아서…." 나는 동생에게 거짓말을 했다. 컨디션이 안 좋은 건 사실이지만 사람들을 만나고 싶은 마음이 없었다.

나는 육아 스트레스뿐 아니라 주부 우울증을 앓고 있었다. 주부 우울증은 여성의 희생을 강조하는 결혼 문화, 육아 및 경제적인 이유로 발생한다. 특히, 직장을 다니다 출산 후 육아에만 전념하는 전업주부에게 우울증이 많이 나타난다. 육아의 시작과 함께 나 자신의 존재는 사라진다. 사람들은 내 이름을 더 이상 부르지 않았다. 나는 누구의 엄마라고 불렸다.

나는 좋은 엄마 강박이 있었다. 첫째와 둘째 아이가 아팠던 탓에 건강 염려증이 있었다. 아무리 힘들어도 반찬을 사 먹지 않았다. 그리고 외식도 거의 하지 않았다. 둘째 아이는 아토피 피부염을 앓았다. 그래서 쌀이나 글루텐 프리 제품을 사기 위해 전국을 수소문했다. 택배 발송이 안 되는 곳은 직접 찾아가서 구해 오기도 했다. 나는 아이를 위해 최선을 다했다. 아픈 아이에게 좋은 엄마가 되는 것이 당연하다고 생각했다.

"우리는 우리 자신에게 늘 완벽하고 강하고 훌륭할 필요가 없다. 우리는 그저 현실의 모습 그대로 있으면 된다. 우리가 알아야 할 것은, 엄마로서 특별한 성과를 이루지 못하더라도 우리는 사랑스러운 존재라는 것이요, 많은 부족에도 불구하고 우리 자녀들에게 좋은 엄마라는 것이다."

독일의 저널리스트 펠리치타스 뢰머의 저서 『나는 지금도 충분히 좋은 엄마다』의 발췌이다. 나는 완벽주의 성향을 가지고 있었다. 나는 스스로를 들볶는 스타일이었다. 나의 완벽주의 성향과 좋은 엄마 강박이 만나 스스로를 힘들게 했다. 아이들에게 헌신하는 것이 바람직하다고 착각하며 살았다. 완벽하려고 애쓰다 보니 '번아웃' 상태가 되었다.
번아웃 증후군이란 한 가지 일에 몰두하던 사람이 정신적, 육체적으로 극도의 피로를 느끼고 이로 인해 무기력증, 우울증에 빠지는 증상을 말한다.

나는 얼마 전 방영된 KBS2 〈한 번쯤 멈출 수밖에〉라는 프로그램을 시청했다. 가수 이선희와 개그우먼 송은이가 출연했다. 그들은 자신들의 고민을 털어놓았다. 송은이 씨는 앞만 보고 달려온 탓인지 무기력이 찾아온 적이 있다고 밝혔다. 그리고 이선희 씨는 40대 초반 번아웃 증후군을 겪었다고 했다. 이들은 캠핑이나 여행을 통해 번아웃 증후군을 극복했다고 했다.

지금 생각해보면, 나는 혼자 맥주를 마시며 지친 나를 위로했던 것 같다. "진희야, 요새 잘 지내? 애기들은 잘 크고?" 대학 동기에게서 전화가 왔다. 우리는 이런저런 이야기를 이어나갔다. "진희야, 너는 스트레스 어떻게 풀어? 나는 애들 재우고 나면 혼자 맥주 마셔." 나는 동기의 말에 위로를 받았다. 나만 혼자 밤에 술을 마시는 것이 아니었다. 나는 동기와 수다를 떨며 공감과 위안을 서로 주고받았다.

우울증은 전문가의 도움을 받아 치료해야 한다. 자신의 의지나 정신력으로 치료할 수 있는 것이 아니다. 우울증의 원인은 개인마다 다르다. 더욱이 우리 스스로 그 원인을 찾아내는 것은 어렵다. 전문가의 상담을 통해 원인을 찾고 적절한 치료방법을 구해야 한다.

나는 나의 산후 및 주부 우울증을 심각하게 생각하지 않았다. 누구나 겪는 당연한 일이라고 여겼다. 더욱이 전문가의 도움을 받아야 한다고는 생각조차 하지 못했다. 나이가 들면 여기저기 아프기 시작한다. 만약 이것을 단지 노화의 과정이라 생각해서 병원을 가지 않는 사람은 없다. 우울증은 가벼운 마음의 감기가 아니다. 당뇨나 고혈압과 같이 만성으로 가기 쉬운 질환이다.

나는 둘째 아이의 아토피 피부염을 고쳐주기 위해 많은 정보를 검색했다. 그리고 우리 사회의 항생제 오남용에 대한 심각성을 알게 되었다. 그래서 나는 항생제에 대한 거부감이 있었다. 그런데 어느 날, 둘째 아이의 얼굴에 처음 보는 상처가 생겼다. 빠른 속도로 상처가 번져 나갔다. 항생제 거부감이 있던 나는 병원을 꺼렸다. 그래서 약국을 먼저 찾았다.

"약사님, 우리 아이 얼굴 좀 봐주세요. 갑자기 이런 상처가 생기더니 순식간에 얼굴 전체에 번졌어요." "이건 연고로는 안 되고 항생제 치료를 받아야 해요. 병원을 가보세요." 약사가 말했다. 약사의 말에 나는 화들짝 놀랐다. "약사님, 음… 항생제를 꼭 먹어야 하나요?" 나는 조심스럽게 약사에게 물었다. 약사는 나의 항생제 거부감을 알아차린 듯했다. 그리고 이렇게 말했다. "어머니, 제가 보기에 아이의 상처는 세균성 감염에 의해 생기는 농가진 같아요. 이건 항생제로 빨리 치료하셔야 돼요."

나는 무조건 항생제는 인체에 유해하다고만 생각했었다. 이처럼 자신의 주관적 판단으로 치료방법을 결정해서는 안 된다. 우울증은 반드시 전문가의 상담이 필요한 것이다. 가까운 보건소나 가정의학과, 심리센터를 이용하여 조언을 구해야 한다.

나태주 시인의 시 「행복」이다.

저녁때 돌아갈 집이 있다는 것
힘들 때 마음속으로 생각할 사람이 있다는 것
외로울 때 혼자서 부를 노래가 있다는 것

나는 힘들고 지칠 때 부르는 나만의 '에너지송'이 있다. 쾌걸 근육 2세 만화 주제가 〈질풍가도〉이다. "한 번 더 나에게 질풍 같은 용기를 거친 파도에도 굴하지 않게…." 나는 힘을 다해 노래를 따라 부른다. 신기하게도 힘이 생긴다.

무의식 속에 자리 잡은 실패한 과거

내 인생의 최고의 실패는 호주 유학이었다. 나는 중2병이 아니라 대2병을 앓고 있었다. 평범하고 조용하게 지나간 내 사춘기. 조용하게 지나간 것이 아니라 억누르고 있었던 것이다. 대학교 입학 후, 나와 생각이 잘 통하는 친구들과 선배들을 만나니 신이 났다. 나에게 동아리 가입은 선택이 아닌 필수였다. 과 친구와 여기저기 둘러보다 나에게 딱 꽂히는 동아리를 발견했다. 그건 바로 통기타 동아리였다. 캠퍼스에 울려 퍼지는 통기타 선율은 나의 대학생활을 즐겁게 해줄 것 같았다. 억눌러왔던 소통의 감정들이 마구 치솟아 올랐다. 나의 캠퍼스 생활은 마치 천국으로의 여행 같았다. 캠퍼스를 누비다 보니 해외를 누비고 싶다는 열망이 가득했다. 입학과 맞물려 IMF를 겪긴 했지만 어학연수에 대한 관심이 높았다. 사실 영어를 배우겠다는 것보다 해외여행을 하고 싶었다. 부모님 몰래 해외 도피 계획을 짜고 있었다.

머릿속 생각들이 점점 가시화 되었다. 자연스럽게 부모님께서 알게 되셨다. 나의 계획을 듣자마자 아무 말씀도 못하셨다. 말문이 턱 막히신 것이다. 영어 어학연수를 주로 가는 나라들에는 이미 한국 유학생들이 많았다. 유럽이나 미국, 호주는 비용이 만만치 않았다. 그래서 고심 끝에 찾은 나라가 남아프리카 공화국이었다. 나라 이름을 듣자마자 친언니와 엄마는 나를 외계인 보듯이 쳐다봤다. 그 순간 나는 외계인이 되어버렸다. 심심찮게 들어본 수식어였기에 놀라지 않았다. 부모님의 허락이 나에게 그리 중요하지 않았고, 비용 마련에만 꽂혀 있었다. 하지만 시간이 지날수록 불길한 예감이 들었다. 엄마가 나를 조용히 부르셨다. '아!, 드디어 올 것이 왔구나.' 내 예상은 빗나가지 않았다. "진희야!"라고 부르시더니 말을 이어나가지 못하셨다. 잠시 후, 울먹이면서 이렇게 말씀하셨다. "샘골 할매가 카시는데 니 거기 가면 죽는다 카드라. 못 간다." 이 말을 듣자마자 계획이 틀어질 거란 사실을 인지하고 울분을 토했다. 샘골 할매는 우리 집안의 앞날을 알려주시는 수호신이다. 그러자 엄마는 현관

바닥에 주저앉아 통곡을 하셨다. 그렇게 슬프게 우시는 모습은 처음 보았다. 며칠 뒤, 샘골 할머니가 나를 찾으셨다. "진희야, 눈을 감고 기도를 해보니 시키면 사람들도 보이고 가면 안 된데이." 딱 잘라 말씀하셨다. 더 이상 반항 아닌 반항은 할 수 없었다. 그렇게 내 생애 첫 해외 도피 계획은 물거품이 되었다.

어렸을 적부터 내가 자주 들었던 말이 있다. "어이구, 지 아빠 닮아가지고 여기저기 돌아다니는 걸 좋아해서 큰일이네." 그런 타고난 기질이 어디 갈까. 호시탐탐 기회를 노리고 있었다.

"실패는 언제나 있는 일이며, 또 다른 시작이다." 해외가 안 되면 서울이라도 가야겠다는 생각이 들었다. 여러 가지 정보를 찾아보다 호텔 연회장 아르바이트가 눈에 띄었다. 평일에는 학교를 다니고 주말에는 서울에 있는 호텔에서 일을 하였다. 알바 첫날, 연회장 팀장님이 나를 부르셨다 "대구에서 여기까지 뭐 하려고 왔냐? 차비도 안 나오겠다." 사실 돈을 벌자고 서울까지 일을 하러 간 것이 아니다. 숨을 고르고 좀 더 치밀한 계획을 짜기 위해서였다. 이번엔 어학연수가 아닌 유학을 가기로 결심했다. 호텔에서 직접 일을 해보며 적성에 맞는지 알아보고 싶었다. 그리고 호텔경영에 대한 유익한 정보도 얻을 수 있었다. 호텔경영 전공으로 제일 학비가 저렴한 호주를 목표로 삼았다. 어렵게 꺼낸 말, "나 호주 갈 거야!" 집안 식구들이 또 한 번 놀랐다. 위험한 남아공이 안 되면 안전한 호주로 가겠다고 밀어붙였다. 유학 준비자금을 벌기 위해 워킹 홀리데이를 우선 시도해보기로 했다. 엄마 대신 키워주신 할머니가 비행기 값을 흔쾌히 지원해주셨다. 30여 개의 여행사를 가격비교 해보며 제일 저렴한 티켓을 구했다. 드디어 성공했다.

호주에 도착 후, 시드니에 있는 미리 예약해둔 숙소로 향했다. 첫날 밤 자다가 가위에 눌렸다. 긴장을 많이 했나 보다. 둘째 날부터는 생존을 위한 아르바이트 구하기에 돌입했다. 한국 식품점과 신문을 활용하여 작은 호텔의 하우스메이드 일을 찾아냈다. 먹고살기 위해 열심히 청소했다. 용역업체 사장님이 핑계를 대며 임금을 주지 않았다. 그 일을 그만두고 생활비가 저렴한 곳으로 거처를 옮겼다. 날아다니는 바퀴벌레가 화장실로 들어와 기겁 한 적이 있었다. 식당에서 설거지도 하고 야간 청소도 하였다. 유학에 대한 열망은 식지 않았다. 내가 가고 싶어 했던 호텔경영으로 유명한 학교에 가서 입학시험을 치렀다. 당당히 합격통지서를 들고 한국으로 다시 돌아왔다. 집안 사정이 좋지 않았음에도 불구하고 일부 유학비를 지원받았다. 공부를 잘했던 친언니가 부모님을 설득해준 덕분이다. 2학기를 마치면 인턴십을 통해 돈을 벌어 나머지 학비를 충당할 계획이었다. 첫 학기는 힘들었지만 점점 적응해 나가면서 교수님들과 학우들로부터 인정을 받기 시작했다. 제일 어려웠던 수학. "여러분, 다 이해되었죠?"라고 인도에서 오신 수학 선생님이 물었다. 하지만 나는 이해가 되질 않았고 당당히 손을 들었다. 선생님이 반복해서 설명해주셨지만 도저히 이해가 되질 않았다. 공부가 마음대로 되지 않아서 쉬는 시간이면 기숙사 냉장고에 넣어두었던 와인을 병째로 입에 대고 한 모금 마시기도 했다. 이대로 포기할 내가 아니다. 교수님을 찾아가 조언도 구하고 베트남 친구의 도움도 받았다. 한국인 최초로 '이달의 학생상'을 받게 되었다. 미칠 듯이 뿌듯하고 행복했다.

빠듯한 생활비에 먹고 싶은 것도 사 먹을 수 없었다. 주말에 시내에 있는 한국식당에 가서 밥을 먹는 친구들이 부러웠다. "진희야, 이번 주말에 애들이랑 한국식당 가자."라고 친구들의 질문에 "어, 나, 저기, 음, 그냥 기숙사에서 쉬고 싶어."라고 대답했다. 친구들에게는 미안했고 나 자신에게도 미안했다. 공부는 잘하고 있었지만 돈이 없어 항상 친구들의 눈치를 봐야 했다. 그리고 입에 맞지 않는 외국 음식 때문에 힘들었다. 하루에 두 끼를 라면으로 때운 적도 있었다. 한식과 비슷한 맛이 나는 스시롤이 먹고 싶었다. 2.5달러의 스시롤은 나에게 소고깃국이나 다름없었다. 드디어 돈을 벌 수 있는 인턴십 기간이 되었다. 생활비가 저렴하고 돈을 잘 모을 수 있는 곳으로 선택했다. 친구들은 시드니 시내에 일을 구했다. 시내에 있으면 돈을 모을 수 없을 것 같았다. 그래서 호주의 중심, 에어즈락이라는 사막에 있는 리조트로 가기로 결정했다. 밤에는 은하수를 볼 수 있었고, 일하러 가다가 지나가는 낙타를 보기도 했다. 자연경관은 좋았지만 너무 우울했다. 시급도 친구들이 일하는 시내 호텔보다 낮았다. 소위 말하는 멘붕이 오기 시작했고 극복하지 못했다. 학교에 있는 담당선생님과 연락을 취해 다시 시드니로 돌아왔다. 여러 명의 친구는 집세를 아끼기 위해 함께 살고 있었다. "난영아, 나도 같이 살면 안 될까? 난 거실에서 지낼게."라고 물었다. 어렵게 친구가 말을 꺼냈다. "진희야, 나는 함께 살고 싶은데…." 함께 살고 있는 친구 중 한 명이 싫다고 했다. 곱게 자란 친구는 여러 명이 함께 있는 것이 불편하다고 했다. 도움이 절실히 필요한 순간에 잘 지내던 동생에게 상처를 받았다. 한국으로 돌아가기에는 내 자존심이 허락하지 않았다. 남은 인턴쉽 기간 동안 학비를 번다는 것은 불가능했다. 셰프로 자수성가한 호주 친구가 조언을 해주었다. "여기서 학자금 대출을 알아보는 건 어때?" 몸과 마음이 지친 상태에서 그 조언이 귀에 들어오지 않았다. 난 포기하고 말았다. 인생의 쓰디쓴 첫 실패를 맛보았다. 한국에 계신 부모님께 연락을 취했지만 돌아 온 대답은 바로 '들어와'였다.

'실패는 성공의 어머니'라는 명언이 나에게는 통하지 않았나 보다. 한국으로 돌아온 후 방황이 시작되었다. 자신감은 바닥으로 떨어졌고 삶의 의욕도 없었다. 하지만 이대로 허송세월을 보내고 있을 수는 없었다. 유학은 실패했지만 호텔리어 꿈은 건재했다. 서울에 있는 고시원에 살면서 이력서를 여기저기 돌렸다. 정말 최선을 다했다. 또 다른 실패를 경험하고 싶지 않았다. 현실의 벽에 부딪혀 서울에 있는 호텔은 포기하기로 하고 대구로 왔다. 대구에서도 발에 불이 나게 일을 구하러 다녔다.

내가 원하고 그들이 원하는 방향이 일치하지 않았다. 실패에 대한 좌절감이 너무 컸다. 몸에 이상 신호가 오기 시작했고 일반 음식을 먹을 수 없었다. 두 달간 한의원과 병원을 전전긍긍했다. 가족들에게 나는 실패자였고 위로의 대상은 아니었다. 실패한 유학생이 아니라 그냥 인생의 실패자였다.

사람은 위기와 시련이 오면 자신을 돌아보는 시간을 갖는다고 한다. 그러나 나는 실패감에 취해 나를 돌아볼 여유가 없었다. '너는 이것 밖에 안돼.'라는 생각이 무의식 속에 깊이 자리 잡았다. 안타깝게도 나는 실패한 과거에 머물러 있었다.

03

조그만 상처는 누구나 가지고 있다

나는 자전거를 배우고 싶었다. 아빠에게 가르쳐달라고 졸랐다. 급한 성격을 가진 아빠는 바로 자전거에 나를 앉혔다. "일단 타봐. 뒤에서 내가 잡아 줄게." 아빠는 요령도 가르쳐주지 않고 일단 타라고 재촉했다. 나에게 자전거를 가르쳐줄 수 있는 유일한 사람은 아빠였다. 그래서 나는 울며 겨자 먹기로 시키시는 대로 했다.

차근차근 배운 건 아니었지만 그래도 중심을 잡기 시작했다. 어느새 나는 자전거를 잘 탈 수 있게 되었다. 바람을 가르며 달리는 맛을 알게 되었다. 우리 집 근처에는 내리막길이 있었다. 나는 신이 났다. 손잡이를 꼭 잡고 페달에서 두 발을 떼었다. 내리막길이라 가속이 붙어 위험했다. 그 순간, 일이 터졌다. 나는 아스팔트길 위에서 넘어졌다. 나의 양쪽 무릎에서 피가 많이 흘렀다.

집에 도착한 후, 아빠에게 나의 상태를 보여주었다. 아빠는 공포의 빨간색 소독약을 상처 위에 부었다. 한 여름의 더위와 함께 나의 양 무릎은 불타올랐다. 지금도 아빠가 원망스럽다. 그리고 30년 즈음 된 나의 상처도 흉터로 남아 있다. 얼마나 상처가 깊었으면 30년이 지난 지금도 희미하게 남아 있다.

우리는 살다 보면 크고 작은 신체적 상해를 입는다. 과일을 깎다가 손을 베이기도 하고, 모서리에 부딪혀서 멍이 들기도 한다. 하지만 우리는 대수롭지 않게 생각한다. 그런데 왜 마음에 상처를 입으면 힘들어할까? 조금은 유연한 사고를 할 필요가 있다.

사람이 어찌 다 내 맘 같으랴
내가 누군가에게 섭섭하고
누군가를 싫어하듯이
누군가도 나에게 섭섭하고
나를 싫어하듯이

그저 흘러가는 대로 바라는 거 없이

내버려 두는 것이 인연인 것을

그 욕심을 못 버려 그렇게도

집착하며 살고 있지 않은가

작가 김수민 씨의 저서『혼잣말』의 발췌이다. 우리는 넘어져서 생긴 상처에 집착하지 않는다. 하지만 마음에 생긴 상처에는 집착을 한다. 그래서 시간이 많이 흘러도 아픈 것이 아닐까! 누군가는 타인에게 자신의 마음을 다하지 말라고 한다. 아마도 인간관계에 대한 집착에 대한 우려를 표현한 것 같다. 물이 고이면 썩듯이 사람의 인연도 흘러가는 대로 두어야 한다.

제기동 선생님 댁에 들렀다. 유경 선생님이 맛있는 음식을 차려주었다. "2년을 사귀던 남자친구가 바람이 났대." 유경 선생님이 자신의 지인 이야기를 나에게 해주었다. 옆에서 듣고 있던 제기동 할아버지가 울림이 있는 말씀을 하셨다. "인연에도 유통기한이 있는 법이야. 그 사람은 2년 짜리 인연을 만났던 거야. 집착을 버려야 해." 인연에도 유통기한이 있다는 사실을 그때 처음 알았다.

나는 내가 보내지 못한 인연이 있는지 생각했다. 생각해보는 것만으로 마음이 한결 가벼워졌다. 내가 서운하게 생각하는 사람들은 누구인가? 몇 명이 떠올랐다. 몇 년 전, 함께 공부했던 언니들이 생각났다. 내가 항상 먼저 연락을 취했다. 언니들이 먼저 나에게 연락해온 적은 없었다. 그래서 나는 서운하기도 했다. 하지만 할아버지 말대로 2년 반짜리의 인연이었던 것 같다. 지금은 서운한 사람들이 아니라 함께 공부했던 학우들로 기억 속에 남아 있다.

나는 내가 남들보다 힘들게 살았다고 생각했다. 최근 나는 다양한 계층의 사람들을 만났다. 그리고 누구나 크고 작은 상처가 있다는 것을 알게 되었다. 오히려 큰 상처를 가진 사람들이 많았다. 그리고 그분들은 현재 시련을 딛고 성공한 삶을 살고 있다.

호주에서 다니던 학교 교장 선생님께서 이런 말씀을 하셨다. "넘어졌다고 좌절하면 안 됩니다. 다시 일어서는 것이 중요합니다. 실패보다 중요한 것은 다시 일어나려는 의지입니다." 지금도 가끔씩 교장 선생님이 하셨던 말이 생각난다.

한국에 있을 때는 나에게 이런 말을 해준 어른이 없었다. 그 당시 한국의 사회 분위기는 결과를 중요시했다. 아니 결과가 전부였다. 나는 교장 선생님의 말씀에 용기를 얻었다. 그리고 나의 신념에 좀 더 힘을 실었다.

나에게 필요했던 것은 지식이 아니라 용기였다.

　최근 아주 인상 깊었던 드라마가 있다. 요즘 바빠서 거의 TV를 보지 못했다. 잠깐 스쳐 지나간 드라마 광고에 나의 이목이 집중되었다. 휴먼 다큐멘터리를 좋아하는 나의 취향에 딱 맞는 드라마를 발견했다. 그것은 바로 노희경 작가의 최신작 〈우리들의 블루스〉이다. 노희경 작가는 마니아층이 많기로 유명하다. 이번 작품에서도 가슴이 따뜻해지는 휴머니즘을 다루고 있다.

　"슬퍼하지 말란 말이 아니야. 우리 엄마처럼 슬퍼만 하지 말라고! 슬퍼도 하고, 울기도 하고, 그러다가 밥도 먹고 잠도 자고 그냥 어쩌다 웃기도 하고 행복하기도 하고…."

　극중 배우 이병헌 씨의 대사이다. 나는 이 장면을 보다 눈물이 왈칵 쏟아졌다. 나는 힘들면 참았고, 행복하면 왠지 불안했다. 있는 그대로가 아니라 가식적으로 살았다. 그래서 정곡을 찔려서 눈물을 흘렸나보다. 삶이란 희로애락 그 자체이다. 하지만 우리는 즐겁고 행복하고만 싶다. 고통은 괴롭고 피하고 싶은 것이다. 우리는 진짜 삶의 모습을 받아들이고 싶지 않다. 힘들면 참고, 행복하면 왠지 불안하다.

우리는 있는 그대로의 삶을 받아들일 용기가 필요하다. 용기는 겁내지 않는 것이다. 한 치 앞도 모르는 인생을 겁내지 않을 사람이 누가 있을까! 우리는 깜깜한 길을 걸을 때 조금씩 천천히 걸음을 옮긴다. 이처럼 한 치 앞도 보이지 않을 땐, 그냥 겁은 나지만 조금씩 앞으로 나아가면 된다. 그것이 바로 용기다.

"한 걸음씩이라도 걷다 보면 목적지에 닿을 수 있다. 멈춰 서면 그 이상 앞으로 나아갈 수 없다. 노력이란 평범한 것일지도 모른다. 하지만 평범한 일을 꾸준히 지속하면 분명히 비범한 일이 된다."

국제창가학회 이케다 다이사쿠 회장의 저서 『지지 않는 청춘』의 인용문이다. 그는 용기 있는 한 걸음에 대해 말하고 있다. 그는 평생 평화, 교육, 문화교육에 헌신하였다. 그리고 세계 390여 개가 넘는 대학교에서 명예박사와 명예교수 칭호를 받았다.

나는 용기는 무언가를 도전할 때 필요한 것인 줄로만 알았다. 겁이 나지만 조금씩 나아가는 것 또한 용기이다. 용기 있다고 두렵지 않은 것은 아니다. 슬퍼할 때도 마음껏 울 때도 용기는 필요하다. 아프면 아파하고, 행복하면 그냥 행복해 하면 되는 것을…나는 왜 반대로 살았을까!

이제 우리는 겁이 나더라도 주저앉아만 있지 말자. 용기 한 스푼 먹고, 조금씩 앞으로 걸음을 옮겨보자. 그것이 성공하면, 용기 한 대접 마시고 조금 더 앞으로 나아가면 된다.

04

나의 불안은 어디에서 왔는가?

I

"신희야, 마당에 가서 빨간 고추 한 개, 파란 고추 두 개 따 온나." 할머니가 나에게 심부름을 시키셨다. 할머니는 내가 살던 집 마당에 텃밭을 만드셨다. 요리하실 때면 나에게 자주 심부름을 시키셨다. 어린 시절 바쁘신 부모님을 대신해 할머니와 지내는 날이 더 많았다. 더워서 잠들지 못하고 있는 나에게 부채질도 해주셨다. 중학교 때는 아침밥도 지어주시고, 도시락도 손수 싸주셨다. 할머니는 농사일로 힘드셨을 텐데 나를 잘 보살펴 주셨다. 할머니는 나의 보호자였다.

"어린 시절에 받은 보살핌은 살면서 사람들과 안전하게 연결하는 능력에 지대한 영향을 끼친다. 그래서 과거 사람들과의 관계 경험에 비추어 그 사람이 나중에 사람들에게 무엇을 기대할지 예측할 수 있다. 이는 성인이 된 현재의 관계를 어떻게 생각하고 관계 안에서 어떻게 행동하는지에 큰 영향을 끼친다."

이는 힐러리 제이콥스 헨델이 지은 『오늘 아침은 우울하지 않았습니다』에 나오는 말이다. 나는 중학교 때까지 할머니의 품에서 안정감을 느끼며 자랐다. 어렸을 때는 할머니의 가슴도 많이 만졌다. 동네 골목길에서 친구들과 놀다가 할머니를 우연히 마주치면 너무 반가웠다. 지금도 할머니와의 추억을 생각하면 기분이 좋아진다. 엄마보다 더 엄마 같은 나의 할머니.

애착은 자신을 돌봐주고 안정감을 주는 사람들과의 감정적 유대관계이다. 인간은 생존을 위해 남들과 어울려 살아야 한다. 그리고 본능적으로 자신을 보호해줄 사람들을 찾는다. 하지만 부모로부터 신체. 정신적인 보호를 받지 못하면 불안정한 애착을 형성하게 된다.

고등학생이 되었을 무렵 할머니와 따로 살게 되었다. 할머니와 할아버지 두 분을 위한 집을 지으셨다. 나는 부모님과 친언니와 함께 살게 되었다. 드디어 네 명의 완전체로 가족을 이루게 되었다. 할머니 품을 떠나 떨어져 산다는 게 적응이 안 되었다. 사회생활로 바쁘셨던 엄마는 간식을 주로 포장해오셨다. 야간자율학습을 마치고 집에 돌아오면 검은 봉지가 주방에 놓여 있었다. 봉지 속에는 주로 김밥과 만두가 있었다. 할머니 생각이 더욱 간절했다. 손수 간식을 만들어주시던 할머니 생각을 자주했다.

아버지는 거실에 당구대를 들여놓으셨다. 밤낮 없이 친구를 초대해 당구 내기를 하셨다. 친언니에게는 남자친구가 있었다. 나는 마음 둘 곳이 없었다. 할머니의 둥지를 떠나 길 잃은 아기 새처럼 말이다. 엄마와 친해지고 싶었다. 엄마에게 시장구경을 함께 가자고 한 적이 있었다. 하지만 엄마에게 거절당했다. 나보다는 친구들과 함께 시간을 보내시는 게 좋으셨기 때문이다. 친구들과 백화점에 가서 신나게 쇼핑을 하고 오셨다. 본인 취향을 옷을 사오셨다. "진희야, 예쁘지?"라고 물으셨다. 답은 정해져 있었다. "응, 예쁘네."라고 대답했다. 나를 위해서가 아니라 자신의 행복을 위해 쇼핑을 하셨다. '함께 가서 구경도 하고 맛있는 것도 먹고 했으면 얼마나 좋았을까.' 시간이 흐를수록 나의 마음이 허전해졌다. 거절을 당하다 보니 감정표현을 솔직하게 할 수 없었다.

"엄마, 나 피아노 사줘."라는 내 말에 엄마는 이렇게 답했다. "언니가 필요하다고 하면 사줄게." 공부를 잘하는 언니와 차별대우를 하셨다. 엄마에 대한 나의 마음은 점점 더 멀어졌다. 아빠도 역시 나에게는 큰 관심이 없으셨다. 그렇게 나는 사춘기를 혼자 겪어내야만 했다. 가족들끼리 함께 시간을 보내고 대화하는 일이 별로 없었다.

『하루 10분 글쓰기의 힘』의 공동저자 김희정 작가 이야기의 발췌이다.

"지금도 범일동 산복도로에서 어린 시절을 생각하면 항상 불안했던 그 시절이 밤이 생각난다. 어린 시절 제일 중요한 부모와의 관계, 특히 나와 아빠와의 관계로 인해 자라면서 내 안의 나를 사랑하는 힘이 부족해졌다는 것을 깨닫게 되었다."

"책을 쓰게 되면서는 과거를 회상하며 내 안의 힘들었던 그 시절이 아픔을 쏟아냈다. 눈물이 났다."

이 글을 읽는 나도 눈물이 났다. 조용한 동네 카페에서 이 책을 읽고 있었다. 카페 사장님이 나에게 다가왔다. "춥거나 덥지 않으세요?" 순간 나는 고개를 들 수 없었다. 눈물을 훔치는 나의 모습을 본 사장님은 놀라셨다. "왜 우세요?"라고 물으셨다. 나는 부끄럽기도 하고 어쩔 줄을 몰랐다. "책 내용이 너무 슬퍼서요."라고 대답했다. 김희정 작가의 어린 시절 이야기를 읽으며 나의 어린 시절이 떠올랐기 때문이다. 김희정 작가는 글 마지막 부분에 이렇게 말하고 있다.

"누가 내 의식을 지배하지 않은 것처럼 내가 나 자신을 가장 잘 아는 것이 무엇보다 중요하다. 내 삶에서 책이 위안이 되었던 만큼 책을 쓰면서 나 또한 누군가에게 위안이 되니 글쓰기의 힘은 실로 대단하다. 책을 쓰는 이유는 나를 가장 잘 알기 위함이다."

너무나 공감하는 말이다. 나 역시 많은 책을 읽고 필사를 하면서 진짜 나를 찾을 수 있었다. '밑져봐야 본전이지'라는 마음으로 처음 필사를 시작했다. 열심히 살아온 나에게 왜 이런 시련이 오는지 화가 났다. 필사를 하면서 욕을 쓴 적도 있다. 말로는 하지 못했던 부정적인 감정들이 글로 표출 되었다. 생존을 위해 음식을 섭취하고 불필요한 것은 배출되어야 한다. 그렇지 않으면 우리 몸 구석구석에 독소로 남게 된다. 어린 시절부터 나는 마음독소를 배출하지 않고 쌓아왔던 것이다. 여기저기 아파오면서 마음해독을 해야겠다고 결심했다. 마음클리닉을 가보고 약도 먹어 봤지만 근본 원인을 찾을 수는 없었다. 인간은 스스로 치유하는 능력이 있다는 말을 들었다. 그때부터 명상, 철학, 뇌과학 등 정신질환에 관련된 책들을 사서 보았다. 그리고 국내외 유명한 인지과학자들이 올려놓은 영상들도 찾아보았다. 심지어는 양자역학이라는 학문에도 관심을 가졌다. 이런 과정에서 알게 된 가장 중요한 것은 자아성찰이었다. 어린 시절부터 만들어져서 습관화 되어버려 현재의 자신이 진짜 '나'인 걸로 착각하고 살았다.

2021년 5월 16일에 채널A에서 방송된 〈요즘 가족 금쪽 수업〉 홍현희, 제이슨 부부가 출연했다. 서로 다른 환경에서 자란 두 사람의 애착유형에 대해 이야기하였다. 그리고 육아 멘토 오은영 박사가 부모와의 애착관계가 중요한 이유도 설명하였다.

홍현희의 남편 제이슨은 부모님이 싸우는 모습을 한 번도 본 적이 없다고 한다. 그는 안정적인 가정환경 속에서 자랐다. 반면 홍현희는 부모님이 격렬하게 싸우시는 모습을 본 적도 있다. 그리고 개그맨 합격 소식

에도 부모님으로부터 칭찬받아본 적이 없다고 한다. 홍현희의 경우 양육
자와의 애착형성이 잘 안되었다. 이러한 영향으로 결혼도 하고 싶지 않
았다고 밝혔다.

모든 사람이 안정적인 가정환경에서 자라는 것은 아니다. 중요한 것은
내가 자라온 환경이 나에게 어떤 영향을 주었는지 살펴보아야 한다. 현
재 인간관계에서 오는 어려움이 어디서부터 출발했는지 염두에 두어야
한다.

05

참는 것은 결코 미덕이 아니다

"손님한테 현금으로 받으면 띵구면 안돼요."라는 말을 아주버님한테서 들었다. 나의 머릿속이 하얘졌다. 나의 호흡이 정지되는 것 같았다. '이런 말을 나에게 하다니⋯' 나는 많이 놀랐다. "넌 너무 정직해서 문제야! 요령이 있어야지."라는 말은 들어봤다. 하지만 이런 말을 듣다니 내 귀를 의심했다. 남의 돈을 가져간다는 건 상상할 수도 없는 일이다. 너무나 충격적이었다.

아주버님이 운영하시는 가게는 부산에 있다. 아주버님과 시어머니의 제안으로 서울에서 부산으로 내려갔다. 나는 아주버님 가게에서 일을 배우기 위해 아르바이트를 했다. 송도해수욕장 해변에 있는 작은 오피스텔에 거처를 마련했다. 아주버님의 가게는 개금역 근처에 있었다. 나는 버스를 타고 자갈치시장에 내려 지하철로 환승해야 했다. 낯선 부산 생활에 적응하는 것만도 벅찼다. 그런 나에게 용기 말고 상처를 주셨다. 정말 속상하고 수치스러웠다. 아주버님과 나의 관계에서 해서는 안 되는 말이었기 때문이다. 다행히 아주버님께서 부연설명을 해주셨다.

"제수씨, 이모들이 자꾸 돈을 가져가서 내가 CC TV도 달아놓고 했는데 소용이 없네." 왜 부산으로 오라고 하셨는지 그 이유를 알게 되었다. 이런 일을 염려해 가족에게 도움을 구한 것이었다. '그래, 그럴 수도 있지. 이해하자'고 마음을 먹었다. 그런데 또 다른 사건이 벌어졌다. 형님이 가게로 나와서 일을 가르쳐준다는 것이다. 미소 없는 얼굴에 나는 조금 긴장하였다. 가게에는 직원을 위한 생수가 있었다. 생수가 떨어져 건너편 가게에서 사 왔다. "물은 우리가 사야지."라고 형님이 말했다. 그 순간 깨달았다. 이미 형님은 머릿속으로 다 계산을 하고 있었다. 가족과 함께 일을 할 때 챙겨야 하는 일련의 것들을. 나는 그냥 참았다. 왜냐하면 무슨 말을 해야 할지를 몰랐기 때문이었다.

'참는 자에게 복이 온다'는 옛말이 있다. 요즘은 참는 자는 만만하게 본다는 말도 나온다. 정말 참는 자에게 복이 오는 걸까?

스탠퍼드 대학교 심리학자, 켈리 맥고니걸(Kelly McGonigal)은 저서 『스트레스의 힘』에서 이렇게 말하고 있다.

"코르티솔과 아드레날린은 과학자들이 소위 스트레스 반응이라고 부르는 현상, 다시 말해 스트레스 상황에 대처하는데 도움이 되는 생물학적 변화의 일부다. 스트레스는 심혈관계에서 신경계에 이르기까지 인체의 다양한 기관계에 영향을 미친다."

아주버님 가게에서 더 이상 일하고 싶지 않았다. 출퇴근과 가게 일이 힘들었는지 눈 주변 통증이 심했다. 약국에 들러 약사님께 증상을 이야기했다. 스트레스와 과로가 겹친 것 같다고 하셨다. 하루가 10년처럼 느껴졌다. 매일 우울했다. 스트레스로 인해 신체적, 정신적인 고통을 겪었다. 참는 것은 미덕이 아니다.

내 편은 어디에도 없었다. 그나마 집 앞 바로 앞에 있는 송도 바다가 나를 위로해주었다. 서울에서의 직장생활을 접고 내려왔기에 불안감이 커져갔다. 시댁 식구들과 관계를 지속하기가 자신이 없었기 때문이다. 애들 아빠는 둘째 이모부가 운영하시는 호텔에서 일했다. 직책은 총지배인이었다. 호텔 업무에 바빠서 위로를 받을 수 없었다. 애들 아빠와 이모부 사이가 벌어지고 있다는 소식도 들었다. 그렇게 나는 1년 반의 부산생활을 마치고 서울로 돌아왔다.

부산에서 서울로 다시 왔을 당시 나는 임신 8개월이었다. 마음씨 좋은 주인집 할머니를 만나 쉽게 거처를 마련했다. 첫째를 출산하고 이윽고 얼마 지나지 않아 둘째를 임신하였다. 첫째와는 달리 둘째는 태어난 직후 피부에 무언가 많이 붙어 있었다. '신생아실에서 목욕을 하고 나오면 괜찮겠지.'라고 지나쳤다. 둘째의 머리 밑에 붙어 있던 태지가 다 떨어지는데 한참이 걸렸다. 돌이 될 무렵, 둘째의 귀 주변이 조금씩 건조하면서 갈라졌다.

엄마들의 소통공간인 맘 카페에서 아토피에 대한 정보를 접했다. 우리 둘째는 아토피피부염을 타고 난 것이었다. 소화가 잘되지 않는 음식이나 군것질을 하면 피부에 염증반응이 나타났다. 둘째는 주로 허벅지 안쪽과 엉덩이 부분에 증상이 나타났다. 가려워 긁느라 둘째는 밤을 설쳤다. 너무 안쓰러웠다. 내 마음은 무너졌다. 나 역시 염증 부위에 약을 발라주느라 잠을 잘 수 없었다. 우선 약국에서 추천하는 제품들을 발라주었다. 하지만 이것은 증상완화의 수단일 뿐이었다. 나는 미친 듯이 여기저기 알아보았다. 관련 서적, 경험담, 천연화장품 등에 대한 모든 수단과 방법을 동원했다.

　나는 지쳐가기 시작했다. 어김없이 둘째가 긁는 소리가 들렸다. 너무 피곤해 몸을 일으킬 수 없었다. 다행히 애들 아빠가 깨어났다. 나는 자는 척하고 있었다. 내가 만들어 온 천연 아토피 로션을 둘째에게 발라주는 것 같았다. '애들 아빠가 도와줘서 다행이다.'라고 속으로 생각하고 있었다. 하지만 고마운 마음은 분노로 바뀌었다.

　"효과도 없는데, 정말….."이라는 말이 들려왔다. 나는 그 로션을 만들기 위해 정말 애를 썼다. 나는 그날 밤 잠을 이룰 수 없었다. 애들 아빠에게는 아무 말도 하지 않았다. '참는 것이 미덕은 아닌데 그때 내가 왜 화내지 않았을까.'

　"엄마는 무쇠보다 강하다."라는 말에 매우 공감한다. 둘째의 병을 꼭 낫게 해주겠다는 나의 의지는 누구도 꺾질 못했다. 마침내 아토피피부염에 대한 전문 의원을 알게 되었다. "코앞에 두고도 모른다."라는 속담처럼 나는 코앞에 두고도 그동안 몰랐던 것이다. 그 당시 경제적 상황이 안 좋아서 홈페이지를 통해서는 진료비를 알 수 없었다. '일단 가보자'는 마음으로 첫 진료를 받았다.

담당 선생님의 딸도 둘째와 같은 병을 가지고 있었다. 더욱더 선생님의 말씀에 신뢰가 갔다. 하지만 약값이 만만치 않았다. 첫 방문에서는 일단 아토피피부염이 맞다는 진단만 받고 왔다. 치료방법을 알아서 속이 다 후련했다. 하지만 내 형편에 부담스러운 약값은 나를 고민에 빠지게 만들었다.

답답한 심정으로 지인에게 전화를 했다. "오늘 병원 갔다 왔는데, 치료비가 많이 부담스러워 고민이야.", "진희야, 아이고 네 형편에 되겠어?"라고 걱정하셨다. 전화 통화를 하면서 내 마음의 결정을 내렸다. 통화를 마친 직후, 진료 받았던 병원에 전화를 했다. 그리고 약을 처방 달라고 했다.

'내가 둘째의 치료를 포기하지 않았던 것이 복으로 온 것일까.' 처방 받은 약을 복용한 지 보름 만에 염증들이 확연히 줄어들기 시작했다. 주치의 선생님은 최소 3개월은 복용해야 된다고 하셨다. 정말 기쁘고 행복했다.

결국 둘째의 회복으로 모든 것이 해피엔딩으로 끝났다. 하지만 둘째 치료 과정에서 애들 아빠는 도움이 전혀 안 되었다. 가족 모두 식단관리를 해야 하는데 애들 아빠는 자신만 생각했다. 또한 부정적인 말을 자주 했다. "그 의사 돌팔이 아니야? 내가 보기엔 그런 것 같은데…." 애들 아빠는 나의 화병 유발자로서의 역할을 톡톡히 했다. 또다시 나의 스트레스 호르몬 수치는 올라갔다.

여성신문 진주원 기자가 2016년 3월 14일 쓴 기사에 따르면, 화병을 대수롭지 않게 생각하면 심각한 심장질환으로 이어질 수 있다고 한다.

"60세 이상 여성들은 보통 '가슴이 답답하다'는 말을 자주 한다. 가족들은 '화병'이라며 대수롭지 않게 넘긴다. 화병은 심뇌혈관질환일 가능성이 크다. 가슴 통증을 화병 정도로 여기고 심각성을 인지하지 못하면 위험한 상황이 올 수 있다. 심뇌혈관질환은 남성보다 여성에게 더 치명적이기 때문이다."

나는 참다가 우울해졌고, 참다가 불안해졌다. 참는 게 곧 내가 되고 나니 공황장애도 찾아왔었다. 불안과 우울은 정신 질환일 뿐만 아니라 신체 질환으로 이어진다. 참는 것은 결코 미덕이 아니다.

감정에 기억의 다리 놓기

감정이란 무엇일까? 감정이란 어떤 현상이나 일에 대하여 일어나는 마음이나 느끼는 기분이다. 우리의 감정은 날씨에 따라 달라지기도 한다. 나는 비가 오면 몸도 마음도 가라앉았다. 비가 오는 날에는 몸이 더 아팠던 기억이 나서일까? 비 오는 날은 왠지 모르게 기분이 별로였다. 하지만 지금은 비 오는 날의 나의 감정상태가 달라졌다.

아이들을 등교 시킨 후, 나는 서둘러 와부로 향했다. 나는 와부에 있는 YWCA에서 교육을 받고 있었다. 비가 와서 차가 막힐까 봐 조바심이 났다. 비가 오는 날에 대한 기억은 대체로 부정적 감정과 함께 남아 있다.

그런데 요즘은 나의 감정 기억이 달라졌다. 고속도로를 지나다 보면 산에 있는 나무와 꽃들을 보게 된다. 문득 이런 생각이 들었다. '가뭄이 심하다고 했는데 비가 와서 풀과 나무들이 행복하겠다!'

나도 덩달아 기분이 좋아졌다. 비 오는 날에 대한 나의 감정이 바뀌었다. 이런 생각을 하고 있는 스스로에게 놀랐다. 기억은 내가 겪은 일을 뇌에 기록하는 것이다. 그리고 기억은 감정에 영향을 많이 받는다. 자신이 경험한 사건과 그때의 감정이 함께 저장된다.

감정은 우리가 겪는 수많은 상황에 적절하거나 안전하게 대응하기 위해서 존재한다. 모든 감정은 우리를 보호하고 잘 살아갈 수 있게 도와주는 역할을 하고 있다. 슬픔은 우리에게 소중한 것이 무엇인지를 일깨워준다. 그리고 두려움은 위험한 상황을 피하거나 잘 대처하게 만들어준다. 감정은 우리를 괴롭히려고 존재하는 것이 아니다.

우리의 감정은 자신이 어떻게 정의하느냐에 따라 달라진다. 누군가는 화가 나는 상황인데 다른 누군가는 전혀 그렇지 않다. 감정은 객관적이 아니라 주관적이다. 그리고 주관적인 감정은 자신이 느끼고 조절하는 것이다. 평소 자신의 감정 습관은 어떠한가?

사람은 변화를 좋아하지 않는다. 지금 이 상태 그대로 안정적인 것을 좋아한다. 그래서 습관은 바꾸기 힘들다. 습관은 자신의 의지로 충분히 바꿀 수 있다. 하지만 습관을 고치는 게 힘들다는 생각에 그냥 포기하고 만다. 우리의 뇌는 에너지를 많이 써야 하는 변화를 좋아하지 않는다. 하지만 이것을 바꿀 수 있는 것은 자신에 대한 믿음이다. 소소한 노력이 성공을 거두면 자신에 대한 믿음이 확실해진다. 그러면서 나쁜 습관은 버리고 좋은 습관이 자리를 잡는다.

나는 셋째 출산 후, 조리원에서 2주 동안 머물렀다. 그리고 집에 돌아갔을 때를 대비해 산후 도우미를 알아보고 있었다. 산후 도우미 업체를 알아보고 몇 군데 전화를 했다. "안녕하세요? 산후 도우미 신청하려고 하는데…." 조심스럽게 나는 업체 사장에게 물었다. "애들이 몇 명이에요?" 사장님이 물었다. "세 명이에요." 사장님은 잠시 머뭇거렸다. "아, 그렇군요. 사실 아이들이 많은 집은 도우미분들이 안 가려고 해요. 일단 제가 한 번 알아볼게요."

얼마 후, 나이가 지긋한 도우미 여사님이 오셨다. "아파트는 찾기 쉬운데, 빌라는 찾기가 힘들었어요."라며 첫 인사를 건네셨다. 좁은 우리 집을 둘러보더니 그 분의 표정이 좋지 않았다. 그녀는 앞치마를 두르고 나에게 맛있는 식사를 차려주셨다. 맛있게 먹은 후, 나는 그녀에게 아이를 맡기고 산부인과 진료를 다녀왔다.

"애기 엄마, 집에 소파가 없어서 내가 편하게 앉을 곳이 없네. 사실 애기가 셋이라는 얘기를 듣고 아무도 이 집에 안 오려고 했어. 나도 그랬고… 회사 사장이 간곡히 부탁해서 왔는데…." 그녀는 나에게 그녀의 솔직한 심정을 이야 했다. 나는 마음이 아팠다. 그리고 이런 말을 들은 후, 그녀를 편하게 대할 수 없었다. 나는 그녀의 눈치를 보기 시작했다. 그래서 첫째와 둘째 아이가 어린이집에서 하원하기 전에 퇴근을 시켜드렸다. 그녀와 함께한 2주의 시간은 나에게 불편한 기억으로 남아 있다. 남들이 꺼리는 우리 집에 와준 것에 대해서는 감사하게 생각한다. 하지만 그녀의 말에 나의 자존심은 바닥으로 떨어졌다.

지금도 가끔 그때 생각이 난다. 그때 내가 느낀 감정은 희미해졌지만 여전히 씁쓸한 기분이 든다. 나는 이런 감정 기억을 바꾸기 위해 그때의 상황을 왜곡시켜보기도 했다. 내 기억을 조작하는 것이다. 그녀가 내게 했던 말을 내 마음대로 바꾸어 다시 뇌에 저장시키는 방법이다.

"애기 엄마, 요즘 같은 세상에 아이를 세 명을 나아서 대단하네요. 애국자야. 집이 좁으면 어때? 아이들과 오순도순 행복하게 지내는 것이 중요하지. 내가 맛있는 반찬 많이 해줄 테니 힘내요!"라고 나는 내가 듣고 싶은 말로 바꾸어보았다. 쉽지 않은 방법이었지만 효과는 있었다.

자신의 기억이 반드시 정확한 것은 아니다. 친구들끼리 예전의 있었던 일을 얘기하다 보면 자신과 다르게 기억하고 있는 경우가 있다. 인간의 기억은 상황에 따라 편집되기도 한다. 기억 편집은 자신의 경험과 새로운 정보를 통합할 수 있게 한다. 하지만 잘못된 기억으로 저장될 가능성도 있다.

며칠 전에 먹었던 저녁 반찬을 기억하는 사람이 얼마나 있을까? 우리는 평범한 날은 기억하지 못한다. 특별한 의미가 있거나 파급효과가 있는 경험은 잘 기억한다. 그중에서도 나에게 위협이 되었던 사건은 더욱더 잘 기억이 난다. 우리는 부정적 감정을 불러일으키는 기억을 곱씹는 경향이 있다. 실패, 좌절, 이별과 같이 강한 감정이 결부된 사건들도 오래 기억에 남는다. 여러 연구에 따르면 감정이 강렬할수록 뇌에 잘 저장된다.

감정이 결부된 경험은 장기 기억으로 저장되어 몇 년 후에도 금방 떠올릴 수 있다. 기억을 떠올릴 때 우리는 그때의 감정을 고스란히 다시 느낀다. 과거의 나쁜 경험을 떠올리면 그때의 부정적인 감정을 다시 경험하게 된다.

"진희야, 큰일 났다!" 애들 아빠가 놀라서 나를 불렀다. 피곤해서 누워 있던 나는 벌떡 일어났다. 셋째 아이의 입술에서 피가 흘렀다. 조금이 아니라 많이 흐르고 있었다. 아이는 자지러지게 울었다. 셋째 아이의 입술이 가위에 잘렸다. 둘째와 셋째 아이가 서로 가위를 쓰겠다며 실랑이를 하다 사건이 벌어졌다.

아이들과 나는 응급실을 가기 위해 재빠르게 준비했다. 나는 정신이 하나도 없었다. 우리는 가까운 병원 응급실로 향했다. 진료 접수를 마치고 대기실에서 기다리고 있었다. "보호자 한 분만 들어갈 수 있어요. 어느 분이 아이와 함께 들어가시겠어요?" 응급실에서 나온 의사가 물었다. 나는 괴로워하는 아이를 도저히 지켜볼 수 없었다. 그래서 아빠가 아이를 데리고 응급실 안으로 들어갔다.

응급실 안에서 아기 울음소리가 들렸다. 나는 가슴이 찢어지는 것 같았다. 지금도 눈물이 난다. 나머지 두 아이들은 대기실 의자에 앉아 잠을 청해야 했다. 입술을 바늘로 꿰맨 셋째가 대기실로 들어왔다. 그 모습을 본 나는 가슴이 무너져 내렸다. "어머니, 잠시 들어오세요. 담당 의사 선생님이 간단하게 설명드릴 거예요." 간호사는 나를 담당 의사에게 안내했다. "상처는 잘 꿰맸어요. 그런데 아마 흉터가 남을 거예요." 의사 선생님은 말했다. 그 분 말대로 흉터가 되었다.

아이의 입술을 볼 때 마다 마음이 아프다. 그리고 아이가 가위를 쓸 때면 그날의 경험이 생생하게 기억난다. 이렇듯 기억은 감정과 깊이 연관되어 있다.

기억이 감정과 연결되어 있어서 좋은 점도 있다. 행복했던 기억을 되새기면 나도 모르게 미소가 지어진다. 그리고 이것은 긍정 마인드 전환을 할 수 있는 원동력이 된다. 옛 추억을 떠올리며 울기도 하고 웃기도 한다. 기억이 어떻게 작동하는지를 알면 나쁜 경험을 잘 제어할 수 있다.

행복한 기억들은 곱씹으면서 강화시키자. 그리고 불행한 경험들은 부정확성 기억으로 저장하자. 내가 기억하는 것이 부정확할 수도 있다는 것을 이용하자.

07

우울증은 내 기분 탓입니다

"실제 지난해 5월 대한신경과학회가 공개한 2020년 OECD 통계를 보면 한국의 2020년 우울증 유병률은 36.8%로 조사 대상국 중 가장 높았다. 코로나 팬데믹(대유행)이후 한국인 열 명 중 네 명이 우울증을 겪고 있다는 통계가 나온 것이다. 문제는 우울증 환자 가운데 전문가를 찾는 비율이 그다지 높지 않다는 데 있다. 보건복지부 조사에서는 평생 정신건강 문제로 전문가(의사 등)에게 상담 또는 치료를 받는 '정신건강 서비스' 이용 비율이 12.1%에 불과했다."

2022년 5월 30일 일요시사에 게재된 장지선 기자가 쓴 글이다. 기사 제목은 "코로나 가고 우울증 지금 우리 사회는…"이다. 사실 코로나 팬데믹 이전부터 한국인의 정신건강에 대한 우려의 목소리가 높았다. 하지만 이에 대한 효과적인 대책방안이 없는 실정이다.

노인자살률과 빈곤율은 OECD 국가 중 1위를 기록하고 있다. 초고령화 사회를 준비해야 상황에서 특단의 대책이 필요하다. 전문가들은 우울 증상을 간과해서는 안 된다고 말한다.

우리는 일상생활 속에서 다양한 문제를 직면한다. 빌려준 돈을 떼이거나 사기를 당하기도 한다. 그리고 사업이 망하거나 자식이 속을 썩이기도 한다. 나는 복권을 사는 데 돈을 쓰는 사람들을 이해하지 못했다. '당첨이 될 확률이 거의 없는데 왜 돈을 낭비하는 걸까?'라는 생각을 했었다. 그랬던 내가 복권을 샀다.

"안녕하세요? 사장님, 자동 2장 주세요. 긁는 거는 확률이 어떻게 돼요? 한 번도 해본 적이 없는데…." 나는 사장님께 조언을 구했다. 나는 사장님의 조언을 받아 1,000원짜리와 2,000원짜리를 사서 긁었다. 복권을 사고 있는 내 모습이 이제는 낯설지 않다. 처음이 어려웠지 이제는 복권 사러 가는 것이 자연스럽다.

"애기 엄마, 자식 키우는 거 힘들지?" 복권 가게 사장님이 물으셨다. "예, 오늘 아침도 애들 때문에 좀 힘들었어요." 나는 대답했다. "우리 애가 친구들이랑 여행가는 길에 사고가 나서 차가 많이 망가졌어. 애들은 다행히 크게 다친 곳은 없었는데 차 수리비가 많이 나왔어." 사장님은 자신의 아들에 대한 얘기를 해주었다. 나는 속으로 생각했다. '갑자기 아들 사고 난 얘기를 왜 하실까?'

"살다 보면 자식 때문에 속상한 일이 한 두 가지가 아니야, 애기 엄마! 그게 부모의 인생인가 봐. 아무 일도 일어나지 않길 바라는 건 욕심인 것 같아." 사장님은 말했다. 사장님의 말이 내 마음에 와닿았다. 시련을 피하고 싶은 인간의 마음은 자연스러운 것이다. 그리고 삶은 고통의 연속인 것도 당연한 이치이다. 나는 세상의 이치를 알면서도 인정하기 싫었다.

우리는 시련을 겪는 과정에서 우울감을 느낀다. 이것은 행복, 슬픔, 분노와 같은 감정이다. 우울감은 질병이 아니라 기분이다.

나는 남다른 청소년기를 보냈다. 자율학습 시간에 복도에 나와 밤하늘의 별을 보곤 했다. 그리고 교과서에 필기 대신 노래 가사를 적기도 했다. 또래 친구들은 연예인에 빠져 있거나 아님 공부에 빠져 있었다. 나는 이도 저도 아니었다. 또래들과는 다른 취미를 가지고 있었다.

클래식 음악이 담긴 카세트테이프를 사거나 그림엽서를 수집했다. 고등학생답지 않은 독특한 취미였다. 그 시절의 나는 우울한 기분이 어떤 건지 자각하지 못했다. 하지만 무의식적으로 우울한 기분을 떨쳐내기 위한 노력을 했던 것 같다. 그림엽서를 사고 클래식 음악을 들으며 나의 기분을 달랬던 것이다.

우울은 근심으로 인해 마음이 답답한 것이다. 모든 사람은 우울감을 느낀다. 심지어 우울은 인간뿐만 아니라 동물도 느낀다.

아무것도 하기 싫은 날 있지? 뭘 해도 안 풀리는 날도 있어.
미안. 나 때문이야. 그래, 난 울적이야.
내가 곁에 가면 너는 우울해지지. 그럼 너는 나를 막 몰아내려고 해.
나를 막 몰아내면 내가 사라질까? 아니! 그럴수록 난 더 커진다고!
근데⋯우울하면 안 돼⋯? 가끔 우울할 수도 있는 거잖아.
누구나 우울한 날이 있는 법이야.
나를 몰아내려고만 하지 말고 나를 가만히 한번 바라봐줄래?

호주 작가 안나 워커가 쓴 『안녕, 울적아』에 나오는 내용이다. 우리는 맛있는 음식을 먹고 나면 기분이 좋아진다. 그래서 기분전환을 위해 맛있는 음식을 먹기도 한다. 우리는 왜 기분이 좋은지 화가 나는지 자각하고 있다. 그런데 우리는 왜 자신이 울적한 이유를 찾지 않는 걸까? 행복할 이유만 찾지 말고 울적한 이유도 찾아보는 건 어떨까!

"옛날에는 먹고 싶은 것도 있고, 가고 싶은 데도 있었는데… 요즘은 그런 것도 없고…." 요즘 친정엄마가 자주 하시는 말이다. 그리고 하나 더 있다. "생수병 뚜껑도 못 열겠어. 나이 들면 죽어야지!" 이런 말을 자주 하시는 엄마는 올해 칠순이다. 노년기에 접어들면서 자연스럽게 겪는 우울감이 엄마에게 찾아온 것 같다.

"엄마는 언제 울적해?" 나는 걱정스러운 마음에 물었다. 엄마는 뜻밖의 대답을 했다. "나는 비 오는 날엔 기분이 좀 울적해. 그리고 가을이 싫어. 낙엽 떨어지는 거 보면 기분이 좀 이상해." 나는 엄마의 대답에 안심이 되었다. '혹시 노인 우울증이 아닐까?'라고 의심했는데 다행히 그건 아닌 것 같았다. 일상생활에서 흔히 겪는 울적한 기분을 느끼시는 것 같다.

부모님의 감정 상태를 주기적으로 체크해보는 것이 필요하다. 노인 우울증은 일반 우울감과는 다른 양상을 보인다. 노인 우울증은 사회적, 심리적 그리고 생물학적 요인으로 나뉜다. 질병이나 장애로 건강이 좋지 않거나 사별 등으로 인한 상실감으로 우울감이 올 수 있다. 그리고 호르몬 분비의 감소로 인한 감정 조절의 문제로 야기되기도 한다.

탤런트 전원주 씨는 우울증 경험을 털어놨다. KBS1 〈아침마당〉에 출연한 그녀는 남편과의 사별 후 우울증이 왔다고 했다. 그 당시, 기억력도 저하되고 사람도 못 알아보는 상태였다고 했다.

노인 우울증은 일반적인 우울증과 달리 기억력 저하 및 불면, 통증 등과 같은 증상이 많이 나타난다. 내가 아는 사회복지사 선생님도 노년기에 겪는 우울감에 대한 언급을 하셨다. 한국은 급격하게 고령화 사회를 앞두고 있다. 전문가들은 노인 우울증에 대한 심각성을 강조한다. 그리고 실버 세대는 은퇴와 자녀들과의 분리 등으로 인해 다른 연령층에 비해 우울증이 발생하기 쉽다.

젊은 세대들이 노인을 바라보는 부정적인 시각으로 인해 고립감을 느끼기도 한다. 이로 인한 우울감도 염두에 두어야 한다. 통계청의 자료에 따르면 노인 인구의 비중이 14%를 넘었다. 노인 인구의 비중이 전체 인구의 14%가 넘어서면 고령 사회에 진입했다고 본다. 한국은 40년 후에는 전체 인구의 약 41%가 노인이 될 것으로 전망한다.

나를 사랑하는 방법은 무엇일까? 자신을 사랑한다는 것은 아름다운 꽃밭을 가꾸는 일이다. 꽃밭에는 벌도 날아들고 나비도 날아다닌다. 때론 벌레들이 찾아오기도 한다. 꽃밭이 풍요로워지기 위해서는 햇볕도 쬐어야 하고 비도 맞아야 한다.

　"우리를 괴롭히는 피로는 대부분 정신적 원인에서 온다." 영국의 유명한 정신과학자 J. A. 하드필드가 그의 저서 『힘의 심리』에서 말한다. 내 마음을 자주 들여다보고 사랑해주자. 마음의 꽃밭을 정성으로 가꿔보자!

PART 2

불안,
제대로 알고
현명하게 활용하라

01

불안은 무조건 해롭기만 하다는 오해

"진희야, 너 그거 건강염려증이야. 밥 잘 먹는 게 제일 중요해!" 할머니는 건강식품에 빠져 있는 나에게 이렇게 말씀하셨다. 만성 통증과 부종으로 오랫동안 힘들었던 나는 아픈 게 싫었다. 나는 죽음에 대한 두려움도 있었다. 그래서 밥보다는 건강기능식품으로 허기를 채우기도 했다. 식후에 몰려오는 포만감과 함께 부종은 나를 힘들게 했다.

밥을 먹지 않고 필요한 영양소를 공급할 수 있는 방법을 찾았다. 그것은 바로 건강 기능 식품이었다. 나는 홈쇼핑, 약국, 생협, 온라인 등을 통해 각종 건강기능식품을 사서 먹었다. 심지어 지인의 소개로 알게 된 것을 고가에 구입하기도 하였다. 건강 기능 식품을 밥 대신 먹으면 몸도 가볍고 좋았다.

주방 찬장에 건강 기능 식품들이 쌓여갔다. 그야말로 건강기능식품에 중독된 것이다. 할머니가 걱정스러운 마음에 말씀하셨다. "쯧쯧, 소화가 안 되면 동치미 국물을 마시면 되지 약을 왜 먹어? 위장에 안 좋은 약을 왜 먹어!" 할머니는 내가 약에 중독된 사실을 자각하도록 만드셨다. '아! 그렇지. 그럼 나는 왜 건강 기능 식품에 빠졌을까?' 나는 스스로에게 물었다. 나는 갑자기 또 쓰러질까 봐 불안했던 것이다.

나의 불안이 건강염려증의 원인이었다. 나는 아픈 게 싫었고 죽는 게 두려웠다. 내가 쓰러지던 그 순간이 나에게 트라우마가 되었다. 그때 나는 죽음에 대한 공포가 생겼다. 그리고 죽음에 대한 불안을 극복하기 위해 공부를 시작했다. 과거의 경험을 부정적으로 정의하면 트라우마가 된다. 하지만 자신의 경험을 긍정적으로 이용하면 유용한 지혜가 된다.

"엄마, 내가 쓰러졌을 때, 죽음의 공포를 느꼈는데 지금은 눈감는 그 순간이 두렵지는 않아. 저승사자가 아니라 선녀님들이 나를 하늘로 데려간다고 상상해. 그럼 마음이 편안해져. 그런데 늙어가는 과정이 무서워. 허리가 굽고 거동이 불편해지면 어떡하지? 상상만 해도 불안해. 아직 노화의 과정에서 겪는 불안감을 어떻게 극복해야 할지 모르겠어. 책을 좀 더 읽고 방법을 찾아보려 해." 나는 엄마에게 말했다. 엄마는 나의 말을 가만히 듣고 있었다.

건강을 잃으면 모든 것을 잃는 거라는 말이 있다. 대부분의 사람은 한 살 한 살 나이가 들면서 격하게 공감할 것이다. 그런데 때론 과도한 건강 불안으로 인해 불행을 자초한다. 코로나가 우리 삶을 덮친 후 건강염려 증에 걸린 사람들이 많아졌다.

건강 불안은 병에 걸릴지도 모른다는 생각에 대한 집착으로 인해 생기 는 두려움이다. 강박 장애, 만성 질환, 우울증 등으로 증상이 나타날 수 있다. 병이 없는 데도 불안한 마음에 자꾸 병원에 가고 검사를 한다. 또 한 최근 외상 전 스트레스 장애라는 정신 건강 관련 신조어도 생겼다. 이 것은 기후변화를 막지 못할 것이란 생각에서 오는 무력감을 느끼는 기후 염려증이다.

"현실화한 기후변화가 아니라 발생하지 않은 기후변화 때문에 생기는 정신건강 문제도 있다. 암울한 미래 때문에 느끼는 분노와 우울이 그것 이다. 의학 학술지 랜싯은 지난해 16~25세 청소년 1만 명을 대상으로 설 문조사를 실시해 56%로부터 '인류는 망했다고 믿는다'는 답변을 얻었다고 비영리 독립매체인 마인드사이트뉴스가 전했다. 한 해 전인 2020년 미정신의학협회가 실시한 여론조사에서도 응답자의 절반 이상이 자신의 정신건강에 영향을 미치고 있다고 답했다."

2022년 6월 7일 서울신문에 올라온 홍희경 기자가 쓴 글이다. 기사 제목은 "WHO 기후변화에 절망·무력감 심각… 정신건강 지원 체계 서둘러야"이다. 이미 해외에서는 기후변화가 정신건강에 부정적 감정으로 이어진다는 것에 대해 연구하고 있다. 기후 우울증이란 기후 변화가 다가오는 것을 알고 있지만, 막을 수 없어서 슬픔과 상실감 등의 부정적 감정을 겪는 장애를 일컫는다.

불안을 줄이려면 어떻게 해야 할까? 우리는 낮 보다 밤을 두려워한다. 앞이 깜깜해 보이지 않으면 한 발자국도 움직일 수 없다. 왜냐하면 아무것도 보이지 않기 때문에 두려운 것이다. 우리가 만약 내일 무슨 일이 생길지 예측할 수 있다면 미래에 대한 불안이 없을 것이다. 불안은 무지로부터 온다.

우리는 불안을 먼저 이해해야 한다. 자신이 어떤 불안 증상을 가지고 있는지 스스로 찾아내야 한다. 그리고 불안에 대한 생각을 변화시켜야 한다. 우리는 마인드 컨트롤보다 마인드 전환이 필요하다. 세상에 완벽한 것은 없다. 그리고 모든 것은 동전의 양면처럼 장단점이 있다. 나는 건강에 대한 불안을 지혜롭게 다루지 못했다.

"약사님, 이 약 효과 좋던데… 혹시 제가 먹으면 좋은 다른 제품들도 추천해주세요." 나는 효과 좋았던 약을 구하기 위해 옆 동네 원정에 나섰다. "이것도 드시면 좋은데 많이 비싸요."라는 약사님의 말에 나는 그냥 약국을 나왔다. 나는 음식이 아닌 건강기능식품으로 건강염려증을 극복하고 있었다.

나는 식사를 잘 챙겨 먹으려고 한다. 그리고 나의 과거 경험을 트라우마가 아닌 지혜로 활용하고 있다. 건강염려증을 극복하기 위해 건강한 생활 습관을 유지해야 한다. 특히 마인드전환을 위해 애쓰고 있다. 우리는 기분 전환을 위해 다양한 방법을 동원한다.

'기분 전환하려고 잠깐 나왔어, 우리 기분 전환 삼아 드라이브 갈까?' 우리는 이런 말을 자주 한다. 자신의 기분이 나쁘다는 것을 자각한 것이다. 자신의 기분을 알아차렸기 때문에 이에 대한 대응을 하는 것이다. 마찬가지로 자신을 괴롭히는 불안의 원인을 자각해야 한다. 그리고 개개인의 원인에 맞는 해결방법을 찾아야 한다.

불안이 해롭다는 생각을 바꿔야 한다. 불안은 생존을 위한 감정이다.

생존을 위한 지혜를 주는 힘이기도 하다. 긍정의 힘보다 더 강력한 것은 불안의 힘이다.

"현실적인 불안은 대안을 마련하고, 상상의 불안은 그 즉시 떨쳐버리면 그만이다. 상상력이 만들어낸 불안보다 더 크고 무서운 불안은 없다. 불안은 생각과 친하지만 행동과는 멀다. 고민과 번민에 사로잡혀 아무 시도도 하지 않는 사람들은 불안이 가장 좋아하는 먹잇감이다. 불안하다면 무언가를 시도하라. 열심히 노력하라."

이상민 작가의 저서 『불안하다면 잘 되고 있는 것이다』에서 위와 같이 말하고 있다. 과거의 나는 현실적인 불안보다 상상 불안으로 힘들었다. 나는 그것을 떨쳐버리는 방법을 몰라서 안고 살았다. 상상 불안이 찾아오면 마인드 전환을 한다. 책을 보면서, 긍정적인 생각을 떠올린다. 이것을 생활 습관으로 만들어버렸다. 예전보다 마음이 편안해진 나를 본다.

현실적인 불안이 오면 일단 해결하기 위해 사방팔방으로 방법을 찾는다. 특히 경제 상황이 갑자기 나빠지면 현실적인 불안이 엄습한다. 이제는 두려움이 몰려오면 먼저 심호흡을 한다. 그리고 켈리 최, 김승호 회장 등과 같은 칠전팔기로 자수성가한 사람들을 떠올린다. 스스로에게 해결할 수 있다는 용기를 준다.

　나는 뭐든 열심히 하는 사람에 속했다. 그리고 매사에 완벽하고 싶은 마음이 컸다. 20대 나의 별명은 '달려라 하니'였다. 내가 스스로 지은 별명이었다. 나는 힘든 일이 생기면 스스로를 비난하는 습관이 있었다. 이런 습관이 나를 우울증, 공황장애를 겪게 만들었다.

　자기 비난이 아닌 스스로에게 자비를 베풀어보자. 나에게 친절해지자. 그동안 우리는 남에게 친절해야 한다는 교육만 수없이 받았다. 험한 세상을 여태껏 살아온 나를 따뜻하게 안아주자. 오늘도 잘 살아낸 우리 자신에게 토닥토닥!

02

불안한 것이 불행한 것은 아니다

알람소리가 울렸다. 알람소리에 나는 바짝 긴장했다. 나는 혹시나 하는 마음에 여러 개의 알람을 맞춰놓았다. 새벽 강의 시간에 행여나 늦을까 하는 불안감이 매일 엄습했다. 나는 강사로 재직 중이었다. 회사까지는 1시간 30분 정도 걸렸다. 그리고 버스를 한 번 갈아타야 했다. 늦을까 봐 택시를 탄다는 것은 거의 불가능한 일이었다.

오전강의가 끝나고 나면 다시 집으로 왔다가 저녁 강의를 위해 다시 출근했다. 그야말로 시간과의 전쟁이었다. 어느 날, 창밖이 밝아지는 것 같았다. 나는 불길한 예감이 들었다. 황급히 휴대전화를 확인했다. 정말 큰일이 났다. 회사로부터 온 부재중 전화를 보았다. 하늘이 무너져 내렸다. 나는 곤히 잠들어 알람 소리도 전화벨 소리도 전혀 듣지 못했다.

회사에 있는 실장님께 전화를 걸었다. "실장님, 죄송해요." 수화기 넘어 잠깐의 적막이 흘렀다. 실장님은 다행히 이해해주셨다. 피곤하면 알람도 소용없다는 것을 깨달았다. 잠자리에 누워 나에게 최면을 걸었다. "4시 30분! 4시 30분!" 이 사건 이후, 나에게 '시간 강박증'이 생겼다.

잠자리에 누워도 마음 편히 쉴 수 없었다. 나는 하루에 두 번 출퇴근 하고, 잠도 편히 잘 수 없었다. 나는 점점 말라갔다. 몸도 마음도 바닥이었다. 내가 좋아하는 강의 일이지만 더 이상 지속할 수 없었다. "실장님, 죄송한데 더 이상 강의하기 힘들겠어요." 실장님에게 말했다. "강사님, 학생들이 많이 아쉬워할 텐데…." 실장님은 또 한 번 이해해주셨다.

지금도 기억에 남는 학생이 있다. 그 학생은 조용하며 소극적이었다. 나는 그 학생을 위해 최대한 쉽게 설명해주려고 노력했다. 한 달간의 수업이 끝난 후, 그 학생은 나에게 선물을 건넸다. "선생님, 저…이거…그동안 감사했습니다." 그 선물은 바로 책이었다. 커피음료는 많이 받아봤지만 책 선물은 처음이었다. 나는 많이 놀랐다. 나의 진심을 열린 마음으로 받아들여준 것 같아 고마웠다.

나는 지금도 시간 강박증이 있다. 강박은 어떤 생각이나 감정에 사로잡혀 심리적으로 심하게 압박을 받는 것이다. 강박은 불안장애의 하나이다. '가스 불을 잠그고 나왔을까?' 하는 불안은 누구나 경험한다. 강박 장애는 다시 집으로 들어가 직접 확인하지 않으면 불안함이 증폭된다. 과잉 불안 상태가 되는 것이다.

나의 강박 장애는 많이 좋아졌다. 그동안 나는 일어나지도 않은 일에 대한 불안으로 힘들었다. 힘들었던 과정을 돌이켜보니 마음 성장의 계기가 된 것 같다. 강박은 과거의 어떤 경험을 계기로 내 안에서 만들어지는 것이다. 나는 과잉 불안 수치를 정상 수치로 끌어내렸다.

최근 '미라클 모닝(Miracle Morning)' 챌린지를 하는 사람들이 많아졌다. 2030세대뿐 아니라 40대 여성들에게도 유행이다.

정신의학신문 2022년 6월 2일 자에 올라온 우경수 정신의학과 의사가 쓴 "성취하는 사람들의 특징"이라는 기사의 내용은 아래와 같다.

"미라클 모닝을 실천하는 사람들은 오전 4~6시 사이에 일어나 자신만의 성장의 시간을 갖습니다. 이들은 자기계발보다 삶에 대한 열정과 에너지, 하루를 주도적으로 활용하는 힘, 규칙적인 생활 습관 등을 미라클 모닝의 장점으로 꼽습니다.

그중에서도 가장 큰 장점은 성취감인 듯합니다. 거창한 계획이 아니더라도, 아침 일찍 일어나 이불 정리하기, 물 마시기 등의 소소한 생활 습관을 실천하는 것이 성취감을 주고, 자기효능감을 높인다는 것이지요."

올해 초, 나는 영어 공부를 위해 매주 1회 5시에 일어났다. 그리고 3시간 정도 비대면 수업에 참여했다. 수업은 5주 동안 진행되었다. 새벽에 일어나 3시간 동안 공부를 한다는 것이 쉬운 일은 아니었다. 그리고 매일 해야 하는 과제도 있었다. 첫째 주는 정신없이 지나갔다. 나는 목표를 위해 힘들어도 참고 해야 했다.

나는 삶에 대한 열정보다는 미래를 위한 준비과정이라고 생각했다. 나는 수업에 참여하는 동기들 덕분에 에너지를 많이 얻었다. 개인의 성취감뿐 아니라 동료애도 느낄 수 있었다. 서로에게 용기와 위안을 주며 '미라클 모닝' 챌린지를 무사히 마칠 수 있었다.

하지만 만약 매일 이것을 해야 했다면 나는 아마 실패했을 것이다. 예전에 겪었던 시간 강박 장애가 다시 생겼을 지도 모른다. 다음 기사 내용에 나는 공감한다.

"최근 2030세대를 중심으로 자아실현과 성공을 위해 치열하게 살아간다는 '인증'이 쏟아지고 있다. 실제 SNS 상에 '갓생'과 '미라클 모닝'을 검색하면 각각 3만 3,000건과 102만 건의 게시글을 확인할 수 있다. 다만 치열하게 살아가는 것 자체가 하나의 문화로 자리 잡으면서 청년세대에게 또 다른 강박과 불안을 심어줄 수 있다는 지적이 나온다."

뉴시스 2022년 5월 24일 자에 올라온 최영서 기자가 쓴 글이다. 기사의 제목은 "갓생·미라클 모닝에 빠진 2030…강박, 불안, 자극 우려도"이다. '갓생'은 신을 뜻하는 갓(God)와 생(生)의 합성어이다. 부지런하고 타의 모범이 되는 삶을 뜻하는 신조어이다.

요즘 대세가 되어버린 '미라클 모닝' 챌린지는 분명히 삶에 긍정적인 영향을 준다. 하지만 타인의 기준이 아닌 자신의 페이스 맞추어야 한다. 일찍 일어나는 것이 부유한 사람들의 성공 비결 중 하나이다. 하지만 수면시간을 줄여가며 삶의 질을 떨어뜨려서는 안 된다. 자기성장을 위해 시작한 일이 강박으로 변질될 수 있다.

나는 호주 현지인들로부터 이런 얘기를 자주 들었다. "한국인들은 다른 나라 사람들에 비해 월등히 일을 잘하고 부지런한 것 같아." 그리고 한국인들은 현지 적응력이 뛰어나다는 평가도 받는다. 반면에 인생을 제대로 즐기고 있지 못하는 것 같다. 일과 개인의 삶을 분리시키는 것이 어렵다. 쉬고 있으면 불안한 사람들….

우리나라 사람들은 완벽주의 성향을 가지고 있다. 그리고 뭐든지 잘해내야 한다는 강박도 가지고 있다. 아직 일어나지 않은 일에 대한 걱정과 불안이 큰 편이다. 나도 예전에는 열심히만 살았다. 하지만 행복하지 않았다. 나 자신을 데리고 산 것이 아니라 미래에 대한 걱정을 껴안고 살았다. 내가 왜 열심히 사는 이유를 스스로 찾아야 한다. 과연 나를 위한 것인지 아님 불안을 위한 것인지….

불안은 불행한 것이 아니다. 불안은 나를 변화시키는 에너지이다. 하지만 그것을 나를 위해 쓰면 성장이 되고, 불안을 위해 쓰면 불행이 된다. 정신분석가 한성희 씨는 『딸에게 보내는 심리학 편지』에서 다음과 같이 말하고 있다.

"불안이 찾아왔을 때 너무 겁내지 않았으면 한다. '왜 남들은 모두 잘 지내는 것 같은데 나만 이렇게 불안한 거지?'라고 생각하며 위축될 필요도 없다. 가끔 사는 일이 불안해질 때면 그 신호를 밀어내기만 할 것이 아니라 그 소리에 귀 기울여보는 태도가 필요하다. 불안하다는 건 어떻게든 성장하고 싶은 마음의 시그널이자 지금 인생을 잘 살고 있다는 증거니까."

TV나 라디오에서 나오는 소리는 전파, 즉 특정한 주파수를 통해 우리에게 전달된다. 우리의 마음도 여러 주파수를 가지고 있다. 마음의 주파수를 어디에 맞추어 놓았는지 귀 기울여 들어보자.

03

감정은 인간의 생존 프로그램이다

아기가 엄마 배 속에서 나오자마자 '응애'라고 울음을 터트린다. 왜 모든 아기는 세상에 나오자마자 울어야 하는 걸까? 태아는 엄마의 자궁 안에서는 탯줄로 연결된다. 탯줄을 통해 숨을 쉰다. 하지만 태아가 세상 밖으로 나오는 순간 스스로 호흡을 해야 한다. 태아는 울음을 통해 처음으로 폐로 호흡하는 것이다. 이것은 바로 생존을 위한 울음이다.

감정이란 무엇인가? 감정은 어떤 일에 대한 느낌이다. 감정의 자신의 마음이 작용하는 것이다. '나 화났어,. 너무 긴장돼요' 등 감정에 대한 표현들이 다양하다.

나는 잠실 석촌호수 근처에서 7년을 살았다. 각종 편의시설과 롯데월드가 있어서 아이들을 키우기 안성맞춤이었다. 하지만 어린 아이들을 데리고 걸어서 이동하기에는 다소 거리감이 있었다. 잠실역 사거리 근처는 항상 교통량이 많았다. 버스 기사님들이 시간에 예민하셨다. 어느 비 오는 날이었다. 아픈 둘째를 업고, 첫째는 나의 손을 잡고 버스에 올랐다. 쓰고 있던 우산을 접고 첫째를 먼저 버스계단에 올렸다. 버스가 조금씩 움직이는 것을 느꼈다. '이 아저씨 왜 이래!' 나는 속으로 생각했다. 나의 불안한 예감은 적중했다. 아이들이 자리에 앉기도 전에 버스는 출발했다. 그 순간 나와 아이들은 휘청했다. 나는 짜증이 확 밀려왔다. 이성적으로는 시간에 쫓기는 버스 기사님을 이해했다. 하지만 나는 화가 나는 감정을 주체할 수 없었다. 갑자기 고열이 나는 아이를 데리고 택시를 탔다. 목적지를 말하자 택시 기사님이 쓴소리를 하셨다. 병원은 기본요금 거리에 위치해 있었다. 잠실은 더 이상 나에게 살기 좋은 동네가 아니었다.

"지금 처한 바로 그 상황을 판단하기 위해서 기억을 활용하고 감정의 도움을 받아 올바른 방향으로 이끌려고 노력한다. 그러나 뇌의 이런 활동은 '어떻게 하면 기분이 좋아질까, 어떻게 해야 경력을 쌓을 수 있을까?' 혹은 '건강을 유지하려면 어떻게 해야 할까'가 아니라 우리의 선조들이 살아남아서 유전자를 물려줬던 방법에 집중되어 있다."

스위스의 정신과 의사 안데르스 한센의 저서 『인스타 브레인』의 인용문이다. 나는 버스와 택시사건의 기억을 활용했다. 그리고 그날의 감정의 도움을 받아 올바른 방향으로 이끌려고 노력했다. 그 결과, 나는 운전면허증을 취득하기로 결심했다.

사실 나는 20대에 운전면허 필기시험을 친 적이 있다. 시험 전날도 친구들과 술을 마시느라 공부를 제대로 하지 못했다. 결과는 당연히 불합격이었다. 시험결과를 인정하기 싫었다. 그리고 부모님께는 이렇게 말했다. "난 운전 안 하고 살 거야. 운전기사님을 따로 고용하면 되지 뭐." 나의 철없던 시절의 철없는 말이었다.

나는 차가 없는 불편한 상황을 계속 겪고 싶지 않았다. 버스와 택시사건들을 겪으며 느꼈던 감정 덕분이었다. 십여 년 만에 치러 본 운전면허 필기시험은 바로 합격했다. 그리고 남은 것은 도로주행이었다. 나는 도로연수 비용을 지불할 형편이 안 되었다. 실내운전연습장에서 2시간 정도 연습을 하고 도로주행시험에 응시했다. 나는 운전석에 그리고 젊은 감독관은 조수석에 앉았다. 강남 운전면허시험장 대문을 나오자마자 사고가 날 뻔했다. "저 4대 독자인데 죽이실 작정이세요?"라고 놀란 표정으로 말했다. "사실 오늘 처음으로 실제 도로에 나온 거예요."라고 실토했다. 감독관은 또 한 번 놀랐다. 나는 세 번째 도로주행 시험에서 겨우 합격했다. 세 번째 감독관은 간곡히 부탁했다. "애기 엄마, 제발 안전운전하셔야 해요." 나는 '나 화났어.'라는 감정의 도움을 받아 결국 운전을 하게 되었다.

감정은 우리의 행동을 유도한다. 우리가 행동으로 옮기는데 시간이 너무 오래 걸리면 뇌는 감정을 부추긴다. 나는 어렸을 적부터 배고픔을 참지 못했다. 이것으로 인해 친구를 서운하게 한 적도 있다. 나는 대학교 근처에서 자취를 했다. 나는 아침을 거를 때가 많았다. 그날 역시 11시부터 배가 고파왔다. 혈당이 많이 떨어져서인지 나는 초조해졌다. 그리고 결국 감정이 표출되었다. 친한 친구에게 짜증을 내고 말았다. "진희야, 그때 정말 당황스러웠어. 네가 왜 짜증을 내는지 이해가 안됐어."라고 친구는 서운함을 전했다. 우리의 뇌는 허기를 느끼게 하여 음식을 섭취하게 만든다. 바로 인간의 생존을 위한 것이다.

감정은 뇌를 자극하여 인체의 변화를 가져온다. 우리는 매일 스트레스 상황에 놓인다. 회사, 학교 그리고 가정에서 우리는 크고 작은 갈등을 겪는다. 그리고 위험한 작업 환경, 제때 식사를 하지 못하는 것 역시 스트레스이다. 우리가 두려운 상황에 처하면 뇌는 스트레스 호르몬을 분비한다. 코르티솔과 아드레날린을 분비하도록 명령을 내려 심장이 빨리 뛰도록 만든다. 심장이 빨리 뛰어 많은 피를 근육으로 보낸다. 우리가 스트레스 상황에 신속히 대처할 수 있도록 만들어주는 것이다. 만약 불이 나기 시작한 빌딩 속에 갇혔다면 공포를 느껴야 재빨리 뛰쳐나올 수 있다. 하지만 위험한 상황에서도 아무런 감정을 느끼지 못한다면 생존에 위협이 된다. 부정적인 감정을 무조건 지양해서는 안 된다.

"한국 사회는 여성의 감정표현에 대해 관대한 것처럼 보이지만 부정적이고 격한 감정 표현만큼은 엄격하게 통제해왔음을 부정하기 어렵다. 특별히 표출해야 해결되는 '화'라는 감정이 오랜 시간 속박되다 보니 많은 여성들이 가슴 통증, 속 쓰림, 이명, 근육통 등의 여러 신체적 질병 증상을 호소한다. 사회가 인간의 감정을 있는 그대로 인정해주지 않으면 결국 병이 된다는 것을 보여주는 증거다."

아주대학교 심리학과 김경일 교수의 저서 『적정한 삶』의 인용문이다.

우리의 생존을 위협하는 것은 배고픔이나 맹수를 피하는 것만이 아니다. 심리적으로 오는 스트레스 역시 생존을 위협한다. 특히 화병은 화를 표출하지 않고 참아서 생기는 병이다. 화는 참아야 하는 것이 아니다. 행복이라는 감정처럼 느끼고 표출해야 한다.

　나는 세 아이를 등원시킨 후 문방구로 향했다. 나는 아이들의 학교 준비물을 사야 했다. 나는 문방구 사장님을 언니라고 부른다. 언니는 언니의 지인과 함께 이야기를 나누고 있었다. "진희야, 커피 한잔 줄까?"라고 언니가 물었다. "응."이라고 대답했다. 사람들이 보면 그냥 일상 대화이지만 깊은 의미가 담겨 있다. 언니는 커피를 통해서 나를 위로해주고 싶은 마음이었다. 언니가 주는 커피에는 응원의 메시지도 함께 담겨 있다.

　가게에 언니와 함께 있던 지인을 나에게 소개시켜 주었다. "진희야, 이 친구도 아이가 셋이야." 언니가 말했다. 셋이서 이런저런 이야기를 나눴다. "저는 몇 년 전에 크게 싸우고 나와서 이혼서류 떼러 갈려고 했어요."라고 언니들에게 말했다. 내 말이 끝나기 무섭게 문방구 언니는 이렇게 말했다. "나는 이혼 서류를 떼러 갔었지." 그러자 문방구 언니의 지인이 말했다. "나는 이혼 서류가 아예 집에 있었지." 우리 셋은 깔깔대며 웃었다. 사는 건 거기서 거기다. 우리의 사는 모습은 정말 비슷하다. 이렇게 과거의 감정을 들춰내며 웃음과 함께 날려버렸다.

대한민국 1호 관점디자이너 박용후 대표는 '관점'이 모든 것을 결정한다고 말한다. 우리의 감정에 대한 관점은 어떠한가? 특히 불안과 두려움은 과연 우리에게 해를 끼치는 감정일까? 분노는 억누르기만 해야 하는 걸까? 스스로에게 질문해보자. 이제는 관점의 전환이 필요하다. 관점을 달리 하는 것은 자아성찰을 위해서가 아니다. 바로 우리의 생존을 위한 것이다. 화병을 갱년기 증상의 하나라고 사소하게 생각해서는 안 된다. 생존을 위해 감정을 부추겨 건강한 방향으로 가도록 행동을 유도하는 것이다. 화병으로 고생하시는 부모님의 감정을 다독여주어야 한다. 평소에 부모님께 표현하지 못한 마음을 지금 해보는 건 어떨까?

자기방어는 때론 나를 더 힘들게 한다

"진희야, 가영이 한쪽 눈이 조금 이상한 것 같아." 친언니가 나에게 조심스레 말했다. "응, 조금 이상한 것 같았어. 근데 아기들한테 일시적으로 이런 증상이 나타날 수 있다고 하더라." 나는 대답했다. 이후, 우리 첫째는 간헐성외사시 진단을 받았다.

외할머니 역시 가영이의 눈에 대해 염려하시는 듯했다. 가영이는 친가, 외가를 통틀어 첫 손주였다. 모든 사람들의 관심과 사랑을 받고 있었다. 나 역시 첫째 딸이 무척이나 사랑스러웠다. 사실, 나는 가영이의 눈이 가끔씩 초점이 어긋나는 것을 인지하고 있었다. 하지만 그 사실을 인정하기 싫었던 것이다.

나는 가영이를 데리고 가까운 안과를 찾았다. "어머니, 제가 봤을 때
는 사시 판단을 내리기에는 증상이 경미하네요. 제가 대학병원 몇 군데
를 추천해 드릴게요. 아마도 예약대기가 있을 거예요." 소아 사시로 유명
한 교수님이 있는 대학병원으로 예약했다. 그리고 3개월을 기다렸다. 마
침내 진료를 받기 위해 가영이와 나는 병원으로 향했다. 오감이 평균 이
상으로 발달한 가영이는 많이 긴장한 듯 보였다. 진료실 앞에서 대기하
는 아이들이 많았다. 가영이와 함께 진료실로 들어갔다. 일반 의사 선생
님과는 다른 옷차림을 하고 계셨다. 흰색 의사가운 대신 점잖은 신사복
을 입고 있었다. 그리고 온화한 표정으로 맞이해주셨다. 의사 선생님은
몇 가지 도구를 이용해 가영이의 눈을 관찰하셨다.

"어머니의 관찰력이 대단하십니다. 보통 사시증상이 아주 경미한 경우
는 엄마가 조기발견이 쉽지 않습니다. 현재 아이의 상태는 거의 정상에
가깝습니다. 몇 년 후, 수술을 하면 됩니다. 수술하면 100%완치됩니다.
걱정 안하셔도 됩니다." 의사 선생님은 군더더기 없이 명확하게 최선의
방법을 설명해주셨다. 나는 가영이를 데리고 정신없이 진료실을 나왔다.

이번에는 간호사 선생님께서 사시검사에 대한 내 의견을 물었다.

"어머니, 수술 없이 치료를 원하시면 몇 가지 정밀 검사를 해야 해요. 그런데 검사액을 눈에 넣으면 세상이 녹색으로 보일 거예요. 아이가 놀랄 수도 있습니다. 해보시겠어요?"

잠시 나는 고민에 빠졌다. 간단한 진료만으로 이미 가영이는 지쳐 보였다. "선생님, 검사는 안 할게요. 감사합니다." 간호사 선생님께 인사를 하고 병원을 나왔다.

"엄마, 친구들이 내 눈이 이상하대." 어린이집을 다녀온 가영이가 말했다. 그 순간 가슴이 '쿵' 하고 내려앉았다. 내가 우려했던 일이 현실이 되었다. 나는 가영이에게 아무 말도 하지 않았다. 그저 미소만 지었다. '아무 일도 아니야.'라고 아이에게 인식시켜 주고 싶었다.

"어머니, 가영이 눈이 조금 이상한 거 알고 계시죠?" 담임 선생님께서 조심스레 말을 꺼내셨다. 선생님께 자세히 가영이의 상태에 대해 설명을 드렸다.

"엄마, 친구들이 내 눈이 자꾸 이상하대. 엄마 내 눈이 정말 이상해? 왜 그런 거야?" 더 이상 설명을 미룰 수 없었다. 나는 차분히 설명했다. "가영아, 모든 사람이 완벽하게 건강하지 않아. 엄마처럼 위가 약할 수도 있고, 아빠처럼 피부가 약할 수도 있어. 우리 가영이는 눈이 조금 약하게 태어났어. 근데 수술하면 괜찮아져." 눈이 아픈 것이 이상한 것이 아니라는 것을 알려주고 싶었다.

이러한 일들이 자주 생기면서 나는 스트레스를 받았다. 수술 없이 고칠 수 있는 방법을 나름대로 찾기 시작했다. 소아 사시 한의원 진료도 받아보고, 자연치유요법도 알아보았다. 여러 방법을 써봤지만 결국 수술이 최선이라는 결론을 내렸다. 가영이가 수술을 감당할 수 있는 나이가 되면 수술하기로 했다.

그 후, 3년이 지났다. 나는 책을 읽다가 갑자기 눈물이 주룩주룩 흘렀다. 가영이에게 너무 미안했다. 나는 아이의 눈을 빨리 고쳐주기 위해 노력했던 것이 아니었다. 바로 나를 위한 행동 이었다. 나는 평소 완벽주의 성향을 가지고 있었다. 내 아이의 부족함을 인정할 수 없었다. 아니 인정하기 싫었던 것이다. 아이의 눈이 비정상이라는 것을 도저히 받아들일 수 없었다. 나는 자기방어를 했던 것이다. 자기방어란 자신을 보호하기 위한 정신적 작용이다. 정신적으로 힘든 상황을 위한 방어기전이다. 자기 방어기제는 여러 가지 있다. 그중에서 나는 '부정'을 통해서 나의 감정을 보호했다. 부정이란 외부에서 일어나는 일을 인정하지 않는 것이다.

예를 들면, 사랑하는 사람의 죽음을 받아들이지 못하고 어딘가에 살아 있을 거라고 믿는 것이다.

나는 증조할머니와 함께 살았다. 증조할머니는 나를 많이 사랑해주셨다. 증조할머니를 가끔 찾아오시는 부잣집 할머니가 있었다. 그 분은 항상 시골에서 사 먹을 수 없는 간식을 사오셨다. 증조할머니는 몰래 나를 불러 먹이셨다. 증조할머니와 함께 자는 날도 많았다. 내가 초등학교 2학년이 되었을 무렵이었다. 넓은 마당에 나무로 만든 관이 보였다. 나는 다가가 만져보았다. 그냥 신기했다. 무섭다는 생각은 전혀 들지 않았다. 그것은 증조할머니를 위한 것이었다. 나는 증조할머니의 죽음을 실감할 수 없었다. 지금도 나는 생생하게 기억한다. 돌아가시기 며칠 전, 언니와 나를 부르셨다. 그리고 가지고 계시던 동전을 언니와 나에게 똑같이 나누어주셨다. 증조할머니는 자신의 죽음을 예감하셨다.
예전 시골에서는 장례 후, 집에서 빈소를 차렸다. 그리고 100일 동안 고인의 명복을 빌었다. 할머니가 쓰시던 방에 빈소가 차려졌다. 나는 빈소가 차려진 방에 들어가 영정사진을 보았다. 아무런 느낌이 없었다. 3개월이 지난 후에야 증조할머니를 보낼 수 있었다. 영정사진을 보며 하염없이 눈물을 흘렸다. 지금도 잊을 수 없는 기억이다. 나를 많이 아껴주셨던 증조할머니의 부재를 받아들이기 힘들었나 보다.

　자기방어라는 인간의 본성을 적절하게 이용하는 것은 이롭다. 하지만 지나친 자기방어는 스스로를 힘들게 한다. 자신의 솔직한 감정을 억누르기만 하면 오히려 해롭다. 나는 아이들을 강하게 키우고 싶었다. 그래서 아이들이 넘어지면 스스로 일어날 때까지 기다렸다. 우리 둘째는 조심성이 없다. 유난히 자주 넘어지거나 부딪힌다.

　"엄마! 엄마!" 둘째 은우가 넘어져 엄마를 불렀다. 하지만 나는 아무 말도 하지 않고 스스로 일어나기를 기다렸다. 은우는 혼자 일어섰다. 나는 은우에게 다가가 이렇게 말했다. "괜찮아? 심하지 않은 것 같아. 집에 가면 약 바르자." 은우의 감정을 인정해주지 않았다. 은우의 감정보다는 혼자 꿋꿋이 일어서길 바랐다.

　나는 은우가 아파도 아프다고 말하면 안 될 것 같다는 생각을 하게 만들었다. 이런 경우 아이는 자신의 감정을 숨겨야 하는 것으로 인식한다. 솔직한 감정을 억누르게 만드는 것은 심각한 결과를 초래한다. 부모가 선의의 의도로 한 행동이 아이의 성장발달을 가로막는다.

　"자기가 어떤 자기보호의 갑옷을 두르며 살아왔는지를 알아차리면, 그것을 지속할지 중단할지를 결정할 수 있다. 이것이 바로 성숙한 자기보호의 출발점이다. 성숙한 자기보호를 쓰면 자신을 가로막던 벽을 거두고, 진정한 나를 만날 수 있고 타인과도 깊은 관계를 맺을 수 있다."

덴마크의 베스트셀러 작가 일자 샌드의 저서 『컴 클로저』의 인용문이다.

"나는 주로 '부정'이라는 자기 보호의 갑옷을 두르며 살아왔다. 내가 감당하기 힘든 상황을 인정하지 않고 부정했다. 이런 나의 자기 보호 갑옷을 아이들에게도 입히려고 했다. 갑옷을 입은 아이들은 얼마나 갑갑할까! 등산을 할 때 우리는 보호 장비를 착용한다. 하지만 집에서 매일 보호 장비를 착용하면 얼마나 불편할까! 이러한 보호 장비는 필요할 때만 착용하는 것이다. 자신이 어떤 갑옷을 두르고 있는지 살펴보자. 그리고 꼭 필요할 때만 착용하자.

05

사람 때문에 죽고 싶거나 살고 싶거나

미용실 원장님의 눈이 충혈 되었다. 나는 원장님에게 물었다. "선생님, 많이 바쁘셨어요? 돈이 들어오면 위로가 되죠." 원장님은 예상과는 다른 대답을 했다. "제가 뭐 자식이 있는 것도 아니고 돈독이 오른 것도 아니고…" 요즘 원장님에게 무슨 일이 생긴 듯 보였다. 나는 아무 말 하지 않고 가만히 있었다. 이윽고, 원장님이 말을 꺼냈다. "남들은 바쁘면 좋은 거 아니냐고 하는데 요즘 무기력한 것 같아요."

나는 계속 귀를 쫑긋 세우며 경청했다. "아주머니 손님께서 오셨는데 아가씨처럼 보이게 해달라고 하시길래, 그건 불가능하다고 했어요. 그랬더니 기분 나쁘다며 신경질을 내셨어요." 나는 생각했다. '드라마에서나 나올 만 한 대사 같은데…' 나는 원장님에게 물었다. "정말 그렇게 말하는 손님이 있어요?" "그럼요. 별의 별 사람 다 있어요!"

나는 놀랐다. '아줌마인데 아가씨처럼 보이게 해달라니… 요즘도 이런 사람이 있구나!' 정말 실화라고 원장님은 말했다. 그리고 한마디 덧붙였다. "나이보다 어려 보이게 해줄 수 있다고 사실대로 말했어요. 불가능한 것을 가능하다고 거짓말 할 순 없잖아요."

원장님의 무기력의 원인은 아마도 사람 때문인 것 같았다. 인간관계에서 오는 스트레스로 인해 힘들었나보다. 나는 그 어떤 위로의 말을 찾을 수 없었다.

"원장님, 제가 석촌동에 살 때 근처 유아 전문 한의원이 있었어요. 거기 데스크 업무를 하는 선생님들이 여러 명 있었어요. 평소 친하게 지내던 선생님 한 분이 그만둔다고 했어요. 이유를 물어봤더니 '엄마들' 때문이라고 하더군요."

그 선생님은 아픈 아이들을 다루는 게 힘든 것이 아니었다. 평소 아이들을 좋아하는 성격이라 전혀 문제되지 않았다. 아이들을 데리고 오는 엄마들 때문이라고 했다. 한의원에 온 엄마들끼리 싸워서 말려야 하는 상황을 나는 두 번 목격하기도 했다.

"원장님, 공감이 되요. 인간관계에서 오는 고통은 큰 것 같아요." 나의 말에 원장님은 조금 위로를 받은 듯했다. "그냥 산으로 들어가고 싶어요." 원장님은 솔직한 자신의 감정을 표현했다.

잘 다니던 회사를 갑자기 그만두는 사람들, 경영하던 사업을 접고 산으로 들어간 사람들은 왜 멈출 수밖에 없었을까! 자신의 업무 능력에 대한 자신감이 떨어져서가 아니었다. 사람들에게 오는 스트레스를 더 이상 감당할 수 없었던 것이다.

시민 일보 5월 30일에 "강서구, 직장인 찾아가 정신건강 검진"이라는 제목으로 홍덕표 기자가 쓴 글이 올라왔다.

"강서구정신건강복지센터를 중심으로 '스마일 프로젝트'를 추진해 2040세대 직장인들의 마음건강검진과 맞춤형 지원을 펼치기로 했다. 스마일 프로젝트는 직장인들의 스트레스 완화, 마음안정, 일상 회복을 목표로 마음건강검진을 실시하는 사업이다. 특히, 검진 결과에 따라 마음처방전 키드 제공, 상담 연계, 치료비 지원 등 맞춤형 지원과 번아웃 증후군 예방 등 정신건강 증진 교육도 진행해 2040세대 직장인들의 마음건강 회복을 돕는다."

직장인들이 직장생활에서 겪는 어려움 중 1순위가 대인관계라고 한다. 이제는 개인만의 문제가 아니다. 국가 차원에서 교육이나 치료를 통해 마음건강을 도와야 한다. 그리고 직장문화도 달라져야 한다. 지시나 명령을 하는 수직관계에서 탈피해야 한다. 협력을 하는 수평관계로의 인식 전환이 필요하다. 기존의 습관은 버리고 공동체 의식을 가져야 한다. 이것을 위해 조직문화교육프로그램을 늘려야 한다.

인간관계 때문에 퇴사한 사람들은 또 다른 문제에 직면한다. 우울감이 생기고, 자신감은 떨어진다. 주변인들은 이렇게 말한다. "좀 더 참지 그랬어! 다들 참고 살아. 그만한 직장이 어디 있다고 사표를 쓰고 나오니? 정말…." 싸늘한 주변 사람들에 의해 더 우울해진다.

"나도 살기 위해서 나왔다고! 그만두고 싶어서 그만둔 줄 알아? 안 그래도 힘든데, 왜 나를 더 힘들게 하냐고!" 몇 달 전 상사 때문에 회사를 그만둔 친구의 말이다.

나는 그 친구에게 2차 가해자가 되었다. 나는 후회했다. 힘들어 하는 친구에게 필요했던 것은 현실적인 조언이 아니었는데….

'자기계발의 아버지'라고 불리는 알프레드 아들러의 저서 『미움 받을 용기 2』에서 다음과 같이 말하고 있다.

"인간은 약하기 때문에 공동체를 만들고 협력관계를 맺으며 살고 있네. 그 옛날 수렵 채집 시대부터 우리는 집단생활을 통해 동료와 협력해서 먹을 것을 사냥하고 아이들을 키웠네. 인간에게 고립만큼 무서운 것은 없다네. 고립된 인간은 몸의 안전뿐 아니라 마음의 안전까지도 위협받지. 혼자서는 살아갈 수 없다는 것을 본능적으로 알고 있으니까. 공동체 감각은 '익히는' 것이 아니라 자기 안에서 '발굴하는' 것이고, 그렇기 때문에 '감각'으로 공유할 수 있는 걸세. 자신의 공동체 감각을 발굴해서 타인과 '관계' 맺는 것을 추구하라고."

우리는 사람 때문에 힘들다고 하고 사람 없이는 외롭다고 한다. 학계에서는 학회나 협회를 만들어 협력관계를 맺는다. 정계에서는 당을 만들어 공동체를 형성한다. 사적으로는 동호회나 모임을 만들어 외로움을 달랜다. 인간은 집단을 형성하는 본성을 가지고 있다. 이것을 알프레드 아들러는 '공동체 감각'이라고 지칭했다.

한국인들은 똘똘 뭉치는 것을 좋아한다. 2002년 월드컵, 광화문 시위를 보면 알 수 있다. 우리는 단일민족국가라는 자부심을 가져야 한다고 배웠다. 하지만 이것은 문화의 다양성을 수용하지 못하게 만들었다. 조직 내에서는 속한 조직문화에 순응해야 한다고 강요한다. 이것은 잘못된 공동체 감각이다.

타인의 생각을 존중하지 않으면, 자신의 생각도 존중받을 수 없다. 이제 우리는 '한민족'의 자부심이 곧 공동체 감각이 아니라는 것을 깨달아야 한다.

호주에서 나는 아시아인이라는 이유로 도둑으로 오해를 받을 뻔했다. 함께 유학하던 동생이 마트에서 먹을거리를 사주었다. 그 친구는 봉지채로 나에게 주었다. "진희 언니, 이거 선물이야. 먹고 힘내!" 돈이 없어 라면을 자주 먹었던 나에게는 아주 큰 선물이었다.

집으로 가는 길에 필요한 생필품을 사기 위해 다시 마트로 들어갔다. 나는 둘러보다 그냥 나오려고 했다. 계산대에 있는 직원에게 동생이 준 쇼핑봉지에 대해 설명했다. 그러자 직원은 영수증을 보여달라고 요청했다. 나는 당연히 영수증이 없었다. 동생에게 연락했지만 영수증을 버린 것 같다고 했다. 직원은 안전요원이 올 때까지 여기서 기다리라고 했다. 나는 화가 솟구쳤다. '과연 내가 아시아인이 아니었다면, 이런 취급을 당했을까!'

나는 안전요원에게 불같이 화를 내며 CCTV를 확인해 보라고 소리쳤다. 그러자, 안전요원은 나를 순순히 보내주었다. 지금도 생각하면 피가 거꾸로 솟는다.

다양성에 대한 수용은 선택이 아니라 필수이다. 이것은 타인을 위한 것이 아닌 바로 자신을 위한 것이다. 올해 3월 서울에서 인종차별 반대 집회가 있었다. 참가자들은 주로 한국에 거주하는 외국인 노동자들이었다. 서구사회에서 차별 당하는 우리가 소수자들을 차별하고 있다. 차별 당하고 싶은가! 차별하고 싶은가!

'나답게 그리고 너답게'라는 말처럼 차이를 인정해보는 건 어떨까? 지금 보다는 분명히 인간관계에서 오는 스트레스는 감소할 것이다. 나답게 살면서 자신감을 키우고, 무기력에서 벗어나자.

06

불안을 불안해하지 마라

최근 4차 산업혁명으로 뇌에 대한 관심이 높아졌다. 나는 5~6년 전부터 뇌에 대한 호기심이 있었다. 나는 원광대학교 의과대학 교수님의 뇌과학 강의를 들은 적이 있다. 처음 접하는 뇌에 대한 구조와 원리는 어렵기만 했다. 하지만 관제탑 역학을 하는 뇌를 모르고는 인체를 이해하기 힘들었다. 교수님은 재밌는 경험담을 곁들어 쉽게 설명해주셨다.

마지막 수업시간에 교수님이 남기신 말이 있다. "공부를 할 때, 자신이 뭘 모르는지를 알아야 해." 온몸에 닭살이 돋았다. '아!' 깨달음이 내 뒤통수를 때렸다. 교수님께서 내 인생의 전환점을 마련해주셨다. 그때 처음

알았다. '공부는 이렇게 하는 거구나!'

나는 지식을 쌓고, 자격증을 따는 것만이 공부인 줄 알았다. 지식이 많아지는 만큼 똑똑해지는 줄 알았다. 우리 사회가 원하는 것은 한눈에 볼 수 있는 스펙이 아니던가! 그동안 나는 내가 아는 것과 모르고 있는 것을 구분하지 못했다.

최근 나의 메타인지 능력에 대한 간단한 테스트를 한 적이 있다. 강사님이 테스트 방법을 알려주었다. "20개 단어를 화면에 하나씩 띄울 거예요. 그 단어들을 잘 기억하세요." 나는 화면 속 단어들을 기억하려고 열심히 외웠다. "여러분, 그럼 이제 자신이 몇 개나 기억할 수 있는지를 종이에 쓰세요. 그리고 기억나는 단어들을 모두 적어보세요." 강사님의 말이 끝나자마자, 나는 서둘러 기억나는 단어들을 적어 내려갔다.

나는 총 아홉 개 단어를 적었다. 그리고 일곱 개 단어를 기억할 것이라고 예상했었다. 강사님이 테스트 결과에 대한 설명을 했다. "이 두 수의 차이가 작을수록 메타인지를 잘 활용하고 있는 거예요."

메타인지(Meta Cognition)는 1970년대 발달심리학자 존 플라벨에 의해 만들어진 용어이다. 자신의 생각에 대한 판단력을 뜻한다. 본인이 아는 것과 모르는 것을 스스로 인지하는 능력이다. 우리는 어디서 들은 적이 있는 것을 자신이 알고 있다고 착각하는 경우가 많다. 그렇다면 자신이 무엇을 모르는지에 대한 판단 기준은 무엇일까? 그것은 바로 자신이 안다고 생각했던 것을 타인에게 설명할 수 있어야 한다.

10여 년 전, EBS에서 〈0.1%의 비밀〉이라는 프로그램을 방영한 적이 있다. 전국모의고사 석차가 0.1% 안에 들어가는 800여 명의 학생과 성적이 평범한 700여 명을 대상으로 실험을 했다. 최근 내가 했던 단어기억 테스트를 한 것이다. 상위 0.1% 학생들은 자신의 예측점수와 비슷한 점수를 받았지만, 평범한 학생들은 예상점수와 실제 점수가 많이 달랐다.

"교육은 암기를 얼마나 열심히 했는지, 혹은 얼마나 많이 아는지가 아니다. 교육은 아는 것과 모르는 것을 구분할 줄 하는 능력이다."

위의 인용문은 프랑스 작가 아나톨 프랑스가 메타인지력의 중요성을 강조한 말이다. 인간은 모두 동일한 두뇌능력을 가지고 태어났다. 다만, 그것을 어떻게 활용하느냐에 따라 문제해결능력은 달라진다. 교육뿐 아니라 메타인지능력을 자신의 일상생활에서 활용해보는 건 어떨까? 우리는 불안을 어떻게 인식하는가? 거의 대부분의 사람은 부정적으로 인식

한다. 하지만 테슬라의 대표 일론 머스크는 불안을 어떻게 인식할까?

'사는 건 원래 힘든 거야. 어쩌겠어. 힘들어도 그냥 사는 거지!'라고 삶에 대한 편견을 가지고 있는 건 아닐까! 불안은 불편한 감정이긴 하지만 불안해할 것은 아니다.

"엄마, 나 떨리고 긴장되는데 어떡하지?"라고 예민한 성격의 소유자, 첫째 아이가 말했다. 나는 아이의 마음이 충분히 이해가 되었다. 나는 메타인지를 잘 활용하여 아이에게 조언을 해주었다. "시험을 왜 보는 것 같아?" 나의 질문에 아이는 대답을 하지 못했다.

"시험은 자신이 뭘 모르는지 알게 해주려고 하는 거야. 점수가 중요한 게 아니야."라는 나의 말에 아이는 의심에 찬 눈빛이었다. 한마디로 '엄마 말이 진짜야?'라는 표정이었다. "엄마, 100점 맞는 친구들도 많아." "그래? 100점 맞고 싶으면 어떻게 하면 될까? 공부는 안 하고 100점 맞으려고 하니까 떨리는 거지. 100점 맞고 싶으면 공부 열심히 해."라고 얘기했다. 눈치 빠른 아이는 이렇게 말했다. "알았어, 그럼 나 TV 봐도 되지?"

아이는 자신이 왜 시험을 앞두고 떨리는지를 알게 되었다. 그리고 긴장감을 해결할 수 있는 방법을 스스로 찾게 된 것이다. 이렇듯 메타인지는 문제해결능력을 높여준다.

세계 최대 전자상거래 업체 아마존과 미국 전기차 회사 테슬라와 같은
기업들의 면접질문은 남다르다. 이들의 면접질문은 아래와 같다.

애매한 문제를 해결했던 경험을 알려주세요.

복잡한 상황을 간단한 해법으로 돌파한 경험에 대해 설명해주세요.

살면서 감당하기 어려운 문제를 어떻게 해결했나요?

아마존은 독특한 회사입니다. 당신의 독특한 점은 무엇인가요?

당신과 같은 사람들을 많이 봤습니다. 당신은 무엇이 다른가요?

이들이 원하는 인재는 학벌이 아니라 문제해결 및 사고능력이 뛰어난
사람이다. 특히 테슬라의 CEO 일론 머스크는 학벌은 전혀 안 본다고 말
했다. 지식은 문제 해결을 위해 필요하지만 문제 자체를 해결하지 못한
다.

인생에 있어서 중요한 것은 학식이 아니라 상황을 바라보는 자신의 관
점이다. 앞으로 닥칠 수많은 문제를 어떻게 바라볼 것인가? 그것은 바로
자신의 관점에 달려 있다.

내가 살면서 가장 감당하기 어려운 시기가 있었다. 첫째 아이 출산 이후로 계속 몸이 아팠다. 그리고 둘째를 출산하면서 건강이 더더욱 안 좋아졌다. 어느 날, 아침에 눈을 떴는데 몸이 이상하다는 것을 느꼈다. 나는 허리에 심한 통증을 느꼈고, 일어날 수 없었다. 나는 너무 당황스럽고 무서웠다.

두 아이를 등원시켜야 하는데 눈앞이 깜깜했다. 나는 천천히 몸이 일으킨 다음 거실까지 기어갔다. 몸은 아팠고 내 마음은 찢어졌다. 너무 슬펐다. 나는 싱크대를 붙잡고 겨우 일어섰다. 꾸부정한 몸으로 아이들의 등원 준비를 하는데 눈물이 났다. 출근한 애들 아빠에게 도움을 요청했다. 애들 아빠의 도움으로 아이들을 무사히 등원시켰다.

아이들을 보내고 나니 그제야 북받치는 감정이 밀려왔다. '왜 나는 이렇게 계속 아파야 하는 걸까?' 동네에서 유명한 한의원에 가서 침도 맞아보았다. 그리고 물리치료도 받았다. 나는 '며칠만 지나면 괜찮아지겠지.'라고 생각했다. 불행히도 수개월이 걸렸다.

나는 하루를 살아도 통증 없이 살고 싶은 마음이 간절해졌다. 그리고 각종 건강 서적 및 강의를 섭렵했다. 그리고 서양의학, 한의학, 대체의학, 기능 의학 등 다양한 치료법을 경험했다. 현재 나의 주치의는 바로 나 자신이다. 몸에 이상이 생기면 원인 파악을 하고 스스로 처방을 내린다. 건강에 대한 나의 불안이 건강하고 싶은 열망으로 바뀌었다. 그 결과, 스스로를 지켜내는 무면허 주치의가 되었다.

인생에 정답이 있을까? 나는 정답이 없다고 생각한다. 미국의 시인 겸 소설가 거트루드 스타인은 이렇게 말했다.

"해답은 없다. 앞으로도 해답이 없을 것이고 지금까지도 해답이 없었다. 이것이 인생의 유일한 해답이다."

나는 이제껏 문제가 닥치면 외부에서 해답을 구하려고 했다. 하지만 해답은 내 안에 있었다. 세상으로부터 얻을 수 있는 것이 아니었다.

07

플라시보 효과를 뛰어넘는 생각 효과

나는 평소 위장장애를 자주 겪는다. 최근 나는 바빠지면서 제때 식사를 하지 못했다. 그래서 위장기능이 많이 약해진 상태였다. 식욕이 왕성한 우리 삼남매는 햄버거를 사달라고 졸랐다. 평소 잠자리 들기 1시간 전에는 되도록 음식을 자제한다. 요즘 제때 식사를 못한 탓에 식탐이 생겼다. 나는 햄버거를 급하게 차가운 사이다와 함께 꿀꺽 삼켰다. 그리고 아이들을 재우기 위해 누웠다. 나는 그만 잠들어 버렸다.

심한 통증이 나를 깨웠다. 나는 너무 피곤해 잠을 자고 싶었다. 하지만 격렬한 통증 때문에 도저히 잠을 이룰 수 없었다. 나는 아픈 배를 움켜쥐고 화장실로 향했다. 변기에 앉았다가 일어나는 순간 어지러웠다. 그리고 눈앞이 하얘지고 귀가 멍멍해지려고 했다. 예전에 비슷한 증상으로 쓰러진 경험이 있다. 나는 그때의 감정기억이 떠오르면서 공포를 느꼈다. 나는 욕실에서 거실까지 기어서 나왔다. 그리고 차가운 거실바닥에 배를 움켜쥐고 누워 있었다. 나는 숨을 제대로 쉴 수 없었다. 너무 무서웠다. 심장이 빨리 뛰는 것이 느껴졌다. 그 순간 공황장애를 극복한 방법을 시도했다.

심호흡을 하면서 심장을 먼저 안정시켰다. '그래, 별일 아니야. 이것 때문에 죽지 않아. 괜찮아!' 나는 속으로 스스로를 안심시켰다. 통증은 계속되었지만 공포감은 없어졌다. 그 순간, 종부 선생님이 알려주신 응급처치법이 생각났다. 위장에서 반응이 왔다. 메슥거림이 갑자기 심해지면서 입으로 음식물이 조금 나왔다. 속이 편해지면서 '살았다'는 안도감이 들었다. 통증의 원인은 급체였다.

3년 전에 쓰러졌을 때는 두려움에 울기만 했다. 하지만 이번에는 통증과 감정을 분리시켰다. 그 결과 긴급한 상황이었지만 해결방법이 떠올랐다. 나는 응급처치 덕분에 빠르게 몸이 정상으로 돌아왔다.

불안과 공포와 같은 감정은 인지기능에 영향을 미친다. 스트레스 상황에서는 주의력과 기억력은 현저히 떨어진다. 평소에 잘 알던 것도 긴장하거나 시간에 쫓기면 잘 기억나지 않는다. 나는 전화통화 중이었는데 핸드폰을 찾고 있었다. '아! 지금 통화 중이구나!' 누구나 한번은 이런 경험이 있을 것이다.

나는 대학원 수업을 마치자마자 정신없이 주차장으로 내려왔다. 삼남매는 내가 집에 도착할 때까지 잠을 안 자고 기다렸다. 저녁 수업이 늦게 끝나는 날이면 마음이 급했다. 나는 아이들을 일찍 재워야 한다는 강박에 사로잡혔다. 주차 위치가 기억나지 않았다. 그냥 내 몸이 시키는 대로 따라 가보았다. 내 차는 어디에도 보이지 않았다. 얼른 주머니에서 차키를 꺼내 버튼을 눌러봤지만 아무 소리도 들리지 않았다.

'분명히 여기다 주차했는데….' 나는 속으로 생각했다. '이상하네! 여기가 맞는데….' 나는 무척 당황스러웠다. 그 순간 불길한 예감이 들었다. '혹시 차를 도난당했나? 어디에다 신고해야 하지? 관리사무소를 먼저 찾아가야 할까?' 내 머릿속은 부정적인 생각으로 가득 찼다. '혹시 내가 지하 2층에 주차를 했나? 아닌데, 분명히 지하 1층 이었는데….' 혹시나 하는 마음에 계단을 이용하여 한 층 더 내려갔다. 여기도 없었다. 나는 이성적인 판단을 할 수 없었다. 나는 불안한 감정에 휩싸여 사리분별을 전혀 못 했다. '서두르지 말고, 제발 정신 차리자!'라고 마음먹었다. 그 순간

'B3' 이 눈에 들어왔다. 엘리베이터를 타고 내려올 때 누군가와 함께 내려왔다. 그분은 지하 2층 눌렀던 것이다. 나는 누군가가 눌렀으니 아무 생각 없이 그냥 따라 내렸던 것이다. 다급한 마음은 이성적인 판단을 흐리게 만들었다. 드디어 차를 찾았다. 나는 정신을 차리고 보니 기운이 쭉 빠졌다. 많이 긴장한 탓이었다.

플라시보 효과란 가짜 약을 환자에게 처방했는데 그 약을 먹고 증상이 호전되는 것을 말한다. 일명 위약효과라고 불린다.

"나는 날마다, 모든 면에서 점점 더 좋아지고 있다."라는 문구를 나는 들어본 적이 있다. 프랑스 약사 에밀 쿠에의 저서 『자기 암시』에 나오는 인용문이다. 플라시보 효과를 처음 알게 된 것은 우연이었다.

"선생님, 살려주세요." 에밀 쿠에의 약국에 다급한 손님이 찾아왔다. 통증을 호소하는 환자에게 맞는 약을 처방해줄 수 없었다. 하지만 간곡히 요청하는 환자에게 가짜 약을 주었다. 얼마 후, 그 환자가 찾아와 선생님 덕분에 나았다며 감사인사를 전했다. 이를 계기로 에밀 쿠에는 환자 스스로의 믿음이 병을 치료할 수 있다는 확신을 갖게 되었다. 이후, 인간의 의식과 무의식에 대한 연구를 했다. 그리고 실제로 많은 사람들을 '자기암시'기법을 이용해 치료했다.

"선생님의 용기를 존경합니다. 그리고 선생님의 자기암시법이 제 친구들을 유용하고 지적인 방향으로 이끌어줄 것이라고 생각합니다. 저도 선생님의 가르침으로 제 환자들을 돌보았고 환자들은 많은 혜택을 받았습니다. 요양소에서 선별적으로 환자들에게 선생님의 요법을 적용하고 있는데 이미 눈에 띄는 효과를 보고 있습니다."

"저는 결핵으로 왼쪽 다리를 세 번이나 수술을 받았습니다. 1920년 9월 다시 통증이 시작되었습니다. 의사들은 다시 수술을 받아야 한다고 했습니다. 발목에서 무릎까지 절개를 한 후, 수술을 하는데 여의치 않으면 절단을 해야 한다고 했습니다. 그러던 중 11월에 선생님께서 환자를 치료하신다는 소리를 듣고 찾아뵈었습니다. 그리고 강연을 들을 바로 그날 통증이 호전되는 걸 느꼈습니다. 저는 선생님의 지시를 따랐고 세 번을 찾아뵈었습니다. 세 번째 날, 저는 완치되었습니다."

그의 저서 『자기암시』 '에밀 쿠에에게 온 감사의 편지'의 발췌이다. 나는 이 책에 소개된 가장 간단한 방법을 시도해보았다. 나는 가끔씩 과민

대장증후군으로 갑작스런 통증을 겪을 때가 있다. 복통이 자주 발생하던 시기에는 한약을 복용하기도 했다. 효과는 있었으나, 약제비용이 부담스러웠다. 그래서 나는 자기암시를 해보았다. 첫 시도는 어느 정도 성공적이었다. 정말 신기한 경험이었다. '생각만으로 통증을 가라앉힐 수 있다니….' 나는 믿을 수가 없었다. 경미한 통증은 사라졌고, 강한 통증은 경감되었다. 나는 플라시보를 뛰어넘는 생각효과를 체험하였다. '생각효과'를 신체적 통증치료에 적용시켜 본 것은 처음이었다.

에밀 쿠에는 인간의 의지를 이용하여 자기암시를 하는 방법은 위험하다고 한다. 의지가 아니라 상상을 다루는 법을 배워야 한다고 강조한다. 누구나 갑자기 단어가 생각나지 않아 기억해 내려고 애를 썼던 적이 있을 것이다. 그러나 기억하려고 애를 쓰면 쓸수록 더 기억이 나지 않는다. 그러다 문득 '아!' 하고 그 단어가 갑자기 떠오른 경우가 있을 것이다.

내가 주차장에서 차를 빨리 찾는 것에만 애를 썼다. 오히려 문제 해결에 대한 강한 의지가 오히려 방해되었다.

에밀 쿠에는 의지력 강화가 아니라 상상을 다루는 기술을 익혀야 한다고 주장한다. '무의식의 힘인 상상'이 엄청난 힘을 가지고 있다고 한다. 나는 '상상의 힘'을 '생각효과'라고 재정의 했다.

생각하는 힘은 우리 신체에 미치는 영향력은 대단하다. 성공한 사람들의 공통점은 긍정적인 시선으로 문제를 바라본다. 인간의 본성은 쉽고 빠른 방법을 좋아한다. 하지만 인생은 풀어야 할 문제들로 가득 차 있다. 코로나19로 전 세계인들이 경제적 어려움을 겪고 있다.

똑같은 어려움 속에 있더라도 누군가는 행복하다고 느끼는 반면, 누군가는 불행하다고 느낀다. 시련의 고통 속에서 행복을 느낀다는 것은 어려운 일이다. 하지만 행복한 상상, 즉 '생각'을 할 수는 있다. 입 꼬리를 올리면 우리의 뇌는 행복하다고 착각한다. 개인이 세상을 바꿀 수는 없다. 하지만 '나'라는 세상은 나의 생각으로 바꿀 수 있다.

PART 3

부정적인 생각에서
벗어나는
7가지 기술

01

'나도 나를 잘 모르겠다'고 피하지 않기

나는 중2병이 아니라 대2병을 겪었다. 내가 원해서 들어간 학교와 전공이 아니었다. 나는 목표가 없었다. 동기생들은 각종 자격증 공부를 한다고 바빴다. 선배들은 졸업시험 및 논문준비로 바빴다. 문득 나는 무전여행을 하고 싶었다. 무전여행의 목적지는 제주도였다.

항공료만 지불하고 버텨보기로 했다. 제주도행 비행기 안에서 받은 사탕을 주머니에 넣었다. 이것은 바로 나의 비상식량이었다. 무작정 걷다 보니 제주도 어느 농원을 지나가게 되었다. 탐스럽게 달린 과실들이 눈에 들어왔다. 한참을 고민하다 결국 몰래 농원에 들어갔다. 내 심장은 마구 뛰었다. 얼른 몇 개만 주어서 나왔다. 너무 맛있었다. 배고픔이 순식간에 사라졌다. 지도만 믿고 걷다 보니 어느덧 해질녘이 되었다.

나의 첫 번째 숙소는 한라산에 있는 대학교 도서관이었다. 한라산 중턱에 위치한 학교까지 열심히 걸어서 올라가고 있었다. 뒤쪽에서 오토바이 소리가 들려왔다. "산은 해가 빨리 지는데, 어디까지 가?" 오토바이를 타고 계신 할머니가 물으셨다. "저기 보이는 대학교까지 가요." "지금 방학이라 아무도 없을 텐데…." 할머니가 말씀하셨다. '헉!' 나는 당황했다. 그래도 일단 가봐야 했다. 잘 곳이 없었기 때문이다. "거기까지는 못 데려다 줘. 우리 집까지만 태워줄게." 할머니가 말씀하셨다. 나는 할머니 덕분에 해지기 전에 도착할 수 있었다.

학교 앞에 다다랐을 때, 갑자기 무서워졌다. 할머니 말씀처럼 사람이 한 명도 보이지 않았다. 내 심장이 '쿵'하고 내려앉았다. 그런데 어디선가 정체불명의 소리가 들렸다. 그 소리를 따라 건물 안으로 들어갔다. 동아리 방들이 보였다. 나는 살금살금 소리를 따라가다 문이 반쯤 열려 있는 동아리방을 발견했다. 나는 열려 있는 문틈으로 살짝 안을 들여다보았다. '아! 살았구나!' 속으로 생각했다. 그리고 다시 호흡을 가다듬고 걸음을 옮겼다. 나의 인기척에 동아리방 안에 있던 젊은 남자가 깜짝 놀랐다. "누구세요?" 그분이 물었다. "아, 저는 무전여행 하고 있는 사람인데, 여기 도서관에서 하룻밤 지낼 수 있을까요?" 나는 그분에게 물었다. 그분은 내 말에 많이 당황한 듯 보였다. 나의 질문에 곧바로 대답을 못하셨다.

"지금은 방학 중이라 학교에 사람이 없어요. 저도 곧 시내로 내려갈 거예요. 여기서는 못 주무실 거예요." 그 분의 말은 청천벽력 같았다. '이제 어쩌지!' 나는 무서웠다. 나는 그 자리에서 움직일 수 없었다.

"시내에 내려가면 24시간 공공도서관이 있어요. 거기 열람실에서 밤을 새야 할 것 같은데요. 제 차로 거기까지 데려다 드릴게요." 그분이 말했다. 우리는 도서관 근처에 도착했다. "잠깐만 차에서 기다리세요." 그분이 말했다. 잠시 뒤, 그분 손에는 하얀 편의점 봉지가 들려 있었다. "배고프실 때 드세요." 나에게 그 봉지를 건넸다. 나는 눈물이 쏟아질 만큼 감사했다.

도서관 열람실에는 공부하는 학생들이 있었다. 열람실 안의 공기는 따뜻했다. 나는 자리를 잡고 의자에 앉았다. 나는 졸리지 않았지만 책상에 머리를 숙이고 잠을 청했다. '아! 집에서 편하게 자고 싶다.'

둘째 날, 나는 이모로부터 전화를 받았다. "너 어디야?" 이모는 물었다. "나 지금 여기 제주도야. 무전여행 왔어." 나는 대답했다. "지금 바로 올라와!" 이모는 단호했다. 나의 무전여행은 이렇게 끝났다.

'나도 나를 잘 모르겠어.'라고 스스로에게 말했다. 졸업을 하면 무엇을 해야 할지 고민에 빠졌던 것이다. 나는 여행을 하면서 그 질문에 대한 답을 찾으려 했었다.

"자신만의 길을 찾아라. 자신의 마음에 귀를 기울이고, 자신의 열망에 귀를 기울여야 합니다. 우리가 진정 이루고자 하는 건, 산다는 게 아주 중요한 일인 듯 살아가는 것이거든요."

'마음챙김 명상의 아버지'라고 불리는 의학박사 존 카밧진의 명언이다. 자신만의 길을 찾는 것은 쉬운 일이 아니다. 자신의 마음에 귀를 기울인다는 것 역시 어렵다. 눈앞에 닥친 현실에 맞춰 살기에도 바쁜 세상이다. 존 박사의 말처럼 세상의 열망이 아닌 자신의 열망에 귀를 기울여야 한다. 이것은 우리 자신을 위한 것이다.

가수 임영웅 씨는 자신의 꿈을 위해 안 해본 아르바이트가 없다. 고구마 장사, 가구 공장과 편의점 등에서 일을 했다. 나는 꿈을 찾기 위해 아르바이트를 시작했다. 편의점, 카페, 호프집, 던킨도너츠, 패밀리 레스토랑, 전단지 부착, 신문사 기지국에서 삽지 넣기, 호텔 연회장 등 여러 곳에서 일했다. 이런 경험들을 통해 나의 열망을 찾을 수 있었다.

"우리가 의식하지 못하는 순간에도 하루에 적게는 12,000개에서 많게는 50,000개까지의 생각과 평가가 우리의 머릿속을 스쳐 지나간다고 한다. 심리학자들은 이러한 현상을 '자기대화'라고 부른다."

베스트셀러 작가 류쉬안의 저서 『성숙한 어른이 갖춰야 할 좋은 심리 습관』의 인용문이다.

"우리는 어떤 실수를 했을 때, '이런 바보, 오늘도 망했어, 되는 일이 하나도 없어.' 등의 혼잣말을 한다. 심리학자들은 이를 '자기대화'라고 한다. '정말 잘했어, 해낼 줄 알았지, 아, 뿌듯해.'와 같은 긍정적인 혼잣말도 있다. 우리가 은연중에 내뱉는 혼잣말은 현재 '나' 자신과의 관계를 나타낸다. 평소에 주로 어떤 유형의 혼잣말을 하는지 생각해보자. 예전의 나는 주로 부정적인 자기대화를 했었다. 나는 나를 아끼는 방법을 몰랐기 때문이다. 자신을 찾는 방법 중 가장 손쉽게 할 수 있다. 책을 사서 읽거나 전문의 선생님의 도움 없이도 얼마든지 가능하다.

혼잣말을 우리에게 알게 모르게 영향을 미친다. '혼잣말'은 자존감에도 영향을 미친다. 자신에 대한 원망과 후회가 많은 사람은 자존감이 낮다. 그리고 자신감을 떨어뜨린다. 나는 내가 자신감이 없다는 것을 몰랐다. "진희야, 너는 열정적이긴 한데, 자신감이 없는 것 같아." 내 친구 진영이가 정곡을 찔렀다. 곰곰이 생각해보니 맞는 말이었다. '왜 나는 자신감이 없는 걸까' 스스로에게 물었다. 그동안 나는 나를 모르고 있었다. 그리고 부정적인 혼잣말을 자주 했다. 나는 실패의 원인을 나에게서 찾았다. '내 탓이오'만 하고 살았다. '맞아, 결국 내가 부족해서 그렇지, 결국 내 잘못이야.'라는 생각을 많이 했다.

'너 자신을 알라'는 말은 명언 중에 명언이다. 세상 모든 것의 시작이자, 전부다. 자신을 발견하고 찾는 방법은 여러 가지가 있다. 하지만 결국 스스로 찾아야 하는 것이다. 상담, 책, 영상, 지인들에게서 영감을 얻을 수는 있다. 대학생이었던 나는 혼자 여행을 즐기면서 나를 찾고자 했다. 그 누구도 대신해줄 수 없는 일이다. 자신의 상황에서 작은 방법부터 시도해보는 것은 어떨까. 30대의 나는 책을 많이 읽었고, 40대의 나는 책을 쓰고 있다. 책 속에서 만난 수많은 사람들에게서 영감을 받았다. 20대의 짧은 무전여행에서 만난 소중한 인연들에게 깊이 감사드린다.

02

'나는 이것밖에 안 돼'라고 하지 않기

나는 동네 단골 미용실에 예약을 위해 전화를 했다. "실장님, 세 아이를 데리고 미용실을 방문해도 될까요?" 나는 물었다. 그 순간, 잠시 정적이 흘렀다. 나는 당황하는 실장님께 설명을 드렸다. "셋째가 유모차에서 자고 있어서 얼른 머리 자르면 괜찮을 것 같은데…." 마음씨 좋은 실장님은 허락하셨다. 첫째, 둘째는 미용실에 들어서자 신이 났다. 여기저기 다니며 구경하고 있었다. 셋째가 유모차에서 자는 동안 얼른 머리를 자르기로 했다. 미용실에서 흘러나오는 음악 소리가 조금 걱정되었다.

나는 음악 소리에 셋째가 깨어날까 노심초사였다. 갑자기 실장님이 나를 부르셨다. "아기가 깼어요." 울고 있는 셋째를 실장님이 재빨리 안았다. 내가 머리를 자르는 동안 실장님이 아기를 달래느라 진땀을 흘리셨다. 다행히 나의 숙원 사업이었던 머리를 잘랐다. 나는 아이 셋을 데리고 미용실을 무사히 빠져나왔다.

'아이 셋을 데리고 미용실 가기'는 성공적이었다. 아이들을 데리고 도보로 이동하면서 힘들었다. 하지만 나는 작은 성취감을 느꼈다. 미용실 사건은 나의 첫 사고전환을 가져온 계기가 되었다. 미용실에 세 아이를 데려간다는 것은 불가능이 아니었다. 그건 바로 '할 수 없어.'라는 생각 때문이었다. '할 수 없어.'라는 생각은 어디서 왔을까? 할 수 없는 것이 아니라 감당하기 싫었던 것이었다. 아이 셋을 혼자 데리고 미용실을 간다는 생각만으로도 이미 지친다. 결국 못하는 것이 아니라 힘들어서 포기한 것이었다.

아트스피치앤커뮤니케이션 김미경 대표는 소위 말하는 스타강사이다. 김 대표는 피아노를 전공하였다. 그리고 피아노학원의 매출을 위해 밤낮없이 고민했다고 한다. 그 결과 피아노 학원매출은 급상승하였다. 그리고 영업비결에 대한 강의 요청을 받았다. 그것이 강사로서의 첫 시작이었다. 그녀는 성공한 대한민국 국민강사였다. 코로나19로 인해 매출의 대부분을 차지하는 강의 수입이 확 줄었다. "대표님, 두 달밖에 버틸 수 없을 것 같습니다." 회사 직원이 김 대표에게 말했다. 김 대표는 이 사실을 듣고 집으로 돌아가는 길에 많은 눈물을 흘렸다.

코로나19로 인해 모든 대면 강의 및 공연 등이 줄줄이 취소되었다. '3개월 정도 지나면 괜찮아지겠지.'라고 다들 기대하고 있었다. 하지만 시간이 흐를수록 상황은 나아질 기미가 보이질 않았다. 우리 모두 속수무책으로 발만 동동 구르고 있었다. 하지만 김 대표는 달랐다. 그녀는 종식될 때까지 마냥 기다릴 수 없었다. 각종 언론매체의 기사들을 스크랩하기 시작했다. 그녀는 해결방법을 위한 작은 실마리를 찾기 위해 애썼다.

그녀는 자신에 대한 믿음이 강한 사람이었다. 그녀는 남다른 자기 확신을 가지고 몇 개월을 노력한 끝에 해결방법을 찾아냈다. 지금은 코로나 시대 이전보다 더 큰 성공을 거두었다. 회사 규모가 커지고 매출도 수직 상승했다.

"곤경에 처했을 때 자신의 담대한 마음보다 더 든든한 협력자는 없다. 마음이 약해지면, 다른 능력을 이용해서라도 약해지는 마음을 강하게 다잡아야 한다. 스스로를 믿는 사람은 자신의 약점을 극복할 줄 안다. 나아가 주위의 모든 것을, 심지어 운명의 별자리까지도 자신에게 유리한 쪽으로 움직인다."

스페인의 대표 철학자 발타자르 그라시안의 저서 『사람을 얻는 지혜』의 발췌이다. 고난이 오면 피하고 싶어진다. 이것은 인간의 자연스러운 마음이다. 고난과 고통을 그 누가 좋아하겠는가. 하지만 우리가 사는 세상은 고난의 연속이다. 이것이 곧 인생이기도 하다.

"보다 많은 실패와 고난의 시간이 비껴갈 수 없다는 걸 우린 깨달았네. 이제 그 해답이 사랑이라면 나는 이 세상 모든 것들을 사랑하겠네."

조용필 씨의 〈바람의 노래〉 가사이다. 나는 40대가 되어서야 비로소 가사의 의미를 깨달았다. 나는 노래를 정말 좋아한다. 내가 아는 수많은 곡들의 가사 중 가장 울림이 컸다. 나는 내가 사는 세상을 있는 그대로 받아들이지 못했다. 부모님이 나를 있는 그대로 인정하지 않아서 속상했었다. 그런데 나 역시 고난의 세상을 있는 그대로 인정하지 않았다. 이제부터라도 내가 인정받고 싶은 만큼 세상을 인정해주자.

나는 호텔경영을 배우기 위해 호주 유학길에 올랐다. 첫 학기는 실습이 많아서 수업내용이 어렵지 않았다. 하지만 학년이 올라갈수록 어려웠다. "다들 이해했나요?" 교수님이 물으셨다. 친구들은 모두 "네."라고 대답했다. 하지만 나는 대답할 수 없었다. 교수님은 내 표정을 읽으셨다. 나를 위해 다시 설명해주셨다. 나는 이해가 안 되었지만 고개를 끄덕였다. 나는 친구들에게 묻기도 부끄러웠다. 나는 기숙사에 와서 복습을 했다. 여전히 어려웠다. 나는 이대로 포기할 수 없었다. 유학을 오기까지 얼마나 많은 시련이 있었던가.

'그래, 교수님께 직접 가서 물어보자!' 나는 굳게 마음을 먹었다. 하지만 나는 발걸음이 떨어지지 않았다. 교수님과 일대일 대면을 한다는 것만으로도 긴장되었다. 나에게 큰 용기가 필요했다. 드디어 나는 교수님을 만났다. 교수님은 학생들이 수업을 잘 따라오고 있다고 생각하셨다. 나의 이야기를 듣고 조금 놀라신 듯했다. 이후, 학교에는 크고 작은 변화들이 생겼다. 비영어권에서 온 학생들을 위한 교수님들의 노력이 있었다. 교수님께서 나를 부르셨다. "학교에서 '이달의 학생'으로 뽑혀서 상을 받게 되었어." 교수님께서 미리 알려주셨다. 문제해결에 대한 용기 있는 나의 행동에 대한 상이었다. 그리고 학업에 어려움을 겪는 학생들을 위한 비디오영상을 찍었다. '나는 이것밖에 안 돼.'라는 마음가짐에서 '그래, 한번 해보자.'로 바꾼 결과였다. 용기를 낸다는 것은 쉬운 일은 아니다. 하지만 어려운 일도 아니다.

"나이가 많아서 조건이 불리하긴 하지만 다시 시도해보는 게 어떨까?" 나는 나의 고향 친구에게 말했다. 평소 고집이 세고 외적통제 성향을 가진 친구였다. 외적 통제 성향을 가진 사람들은 주변 탓을 많이 한다. 실패의 원인을 자신에게서 보다 외부에서 찾으려는 경향이 있다. 이 친구역시 세상 탓을 많이 하는 부정적 성향을 가졌다. "나이 많다고 안 뽑아 주는데 도대체 어쩌란 말이야!" 친구는 화를 냈다.

나의 경험을 얘기하면서 동기부여를 하려 했지만 쉽지 않았다. 자기스스로가 한계를 정해버리면 더 이상 기회는 없다. 강한 껍질로 덮인 자아를 깨고 나오려면 더 많은 노력이 필요하다. '나는 이것밖에 안 돼.'라고 스스로가 포기해버리면 더 이상의 기회는 없다.

"하늘은 스스로 돕는 자를 돕는다." 내가 진리라고 믿는 성경 구절이다. 종교를 불문하고 적용되는 원리이다. 시련이 동시다발로 나에게 왔을 때 포기했다면 지금의 나는 없었을 것이다. '속는 셈 치고 한 번 믿어 보자.'라는 생각으로 사방팔방으로 해결방법을 찾아다녔다.

'뜻이 있는 곳이 길이 있다'는 명언처럼 정말 방법을 찾아냈다. 거창한 마음으로 시작하면 시도하기 힘들다. 그냥 밑져봐야 본전이라는 가벼운 마음으로 시작해야 한다.

위기 대처능력은 스스로 만들어내는 것이다. 할 수 없는 것인가, 시도하기 싫은 것인가? 스스로에게 물어보자.

"인생은 직선이 아니라 S자 곡선이다. 지금 좌절에 빠진 사람이건 지금 성공해서 행복한 사람이건, 지금이 그 상태는 언제까지나 계속되지 않는다. 실패했다고 생각될 때 그 자리에서 포기하느냐, 다시 일어서느냐가 인생을 좌우한다. 설사 실패했다고 생각하더라도, 그 자리에 주저앉지 말자. 인생은 넘어졌을 때가 아니라, 일어서는 것을 포기했을 때 실패하는 것이다."

대한민국 관점디자이너 1호 박용후의 저서『관점을 디자인하라』의 발췌이다. 나는 일어서기로 마음먹었다. 그리고 지금 다시 일어서고 있다. 넘어져 있는 독자들의 손을 잡아주고 싶다. "제 손 잡으실 거죠?"

03

'내가 과연 할 수 있을까'에서 벗어나기

나는 공부를 잘하는 언니와 비교당하면서 살아왔다. 상대적으로 내가 열등한 위치에 있다고 생각하며 살아왔다. 언니는 수학을 좋아했고 잘했다. 언니와 나는 초·중·고등학교를 함께 다녔다. 내가 중학교 1학년이 되었을 때 언니는 3학년이었다. 내가 입학했을 당시에 언니는 학교 내에서 유명인이었다. 수학을 잘해서 선생님들의 관심을 많이 받았기 때문이다.

어느 날, 선생님 한 분이 나에게 물었다. "네가 허선희 동생이니?" 나는 허진희가 아니라 공부 잘하는 허선희 동생이었다. 대놓고 말씀하시진 않았지만 '너도 공부를 잘하겠구나.' 하는 눈빛이셨다. 부담감이 밀려왔다.

초등학교 시절, 반장 선거에서 남자 후보를 제치고 반장이 되었다. 그리고 방송반 활동도 활발히 했다. 자신감이나 존재감에 큰 문제는 없었다. 중학교 1학년 1학기에는 성적이 상위에 속했다. 아마도 주변의 기대에 부응하기 위해 노력했던 것 같다. 내가 좋아서 한 것이 아니라, 주위의 기대감에 부응하려고 스스로를 들볶았던 것 같다.

그러다 보니 시간이 지나면서 공부가 하기 싫었다. 부모님과 친척들은 공부 잘하는 언니에게만 관심을 쏟았다. 더 이상 열심히 공부할 의욕도 동기도 없었다. '그래, 내가 해봤자지.'라는 생각이 무의식 속에 자리 잡기 시작했다.

"인간은 스스로 믿는 대로 된다." 안톤 체호프(Anton Pavlovich Chekhov)의 명언이다.

호아킴 데 포사다(Joachim de Posada)가 쓴 『바보 빅터』첫 장에도 나온다. 이 책은 국제멘사협회(Mensa International) 회장을 지낸 빅터 세리브리아코프(Victor Serebriakoff)의 이야기를 바탕으로 쓰였다.

빅터는 어린 시절 학교에서 IQ 검사를 받았다. 보통 아이들과 다르게 73이라는 낮은 점수를 받았다. 이로 인해 아이들의 놀림거리가 되었다.

빅터 자신도 스스로를 바보라고 여기며 살았다. 그렇게 17년이 흘렀다. 그리고 빅터는 우연히 자신의 IQ가 73이 아니라 173이었음을 알게 된다. 이후, 그는 자신이 똑똑하다는 것을 알고 변화하기 시작했다. 이처럼 자신을 변화시킬 수 있는 것은 자신을 스스로 믿는 것이다.

대구 갈산동에서 살다가 공단이 들어서면서 마을 전체가 이사하게 되었다. 신당동이라는 새로운 마을이 생겼다. 현재 계명대학교 성서캠퍼스가 자리 잡고 있는 곳이다. 시골 마을에서 3층짜리 빌딩을 지어 이사했다. 꿈에 그리던 각자의 방이 생겼다. 누가 어떤 방을 가질 건지는 이미 정해져 있었다. 언니는 크고 햇볕이 잘 드는 방을 차지했다. 하지만 내 방은 주방을 통해서 들어가야 하고 햇볕이 들지 않았다. 보일러 선이 제일 마지막으로 들어와서인지 온기도 없었다. 책상에 앉아 있다 보면 발이 시렸다. 양말을 신어야 할 만큼.

'나는 왜 부모님께 내 감정을 말하지 않았을까.' 돌이켜보니 할아버지와 집안 분위기에 영향을 받은 것 같다. 가부장적인 허 씨 집안에서 살아남으려면 포기해야 하는 것들이 많았다. 샤워는 3분 이내에 끝내야 하고 과자는 옷 속에 숨겨와서 먹어야 했다. 할아버지와 겸상도 할 수 없었다. 나는 주로 할머니와 잠을 잤다.

어느 날, 할아버지는 어김없이 술에 취해 집으로 돌아오셨다. 할아버지는 검은 비닐봉지를 들고 계셨다. 이를 본 내가 한마디했다. "할배, 또 술이가?" 할아버지는 대답 대신 들고 있던 봉지를 바닥에 내동댕이치셨다. 봉지 안에 있던 소주병이 깨지면서 술 냄새가 진동했다. 할머니는 아무 말 없이 바닥을 정리하셨다.

그렇게 할아버지의 기분에 따라 집안 분위기가 좌지우지되었다. 술을 드시고 기분이 좋지 않은 날이면 할아버지는 폭군이 되었다. 할머니를 제외한 모든 식구가 앞집으로 피신해야 했다. 우리는 이를 민방위 훈련이라 불렀다. 할머니 혼자 할아버지를 상대하셨다. 할아버지가 잠든 후에야 훈련을 마치고 집으로 돌아올 수 있었다.

부전자전이라 했던가. 할아버지와 다투시던 아빠는 급기야 거실 창문을 부수기도 했다. 이러한 집안 분위기 속에서 의사 표현인들 제대로 할 수 있었을까. 그때 이미 나는 내 감정을 포기했는지도 모른다.

결혼 후 2013년에 첫아이를 출산했다. 눈에 넣어도 안 아플 자식이었다. 늦은 나이의 결혼이었던 만큼 빨리 둘째를 가지라는 주변의 권유가 있었다. 첫째 아이가 7개월 때 나는 둘째를 임신했다. 아이들이 사랑스럽기는 했지만 첫째 출산 후 얻은 갑상선기능저하증으로 몸은 지쳐만 갔다.

그러던 중에 사랑을 독차지하던 첫째가 둘째가 태어나자 변하기 시작했다. 이제 겨우 앉기 시작한 동생을 밀고 때렸다. 행복한 육아 전쟁이 아니라 전쟁 그 자체였다. 그런 아이들을 키우느라 나는 나의 감정을 제대로 돌보지 못했다. 나는 비록 부정적인 환경에서 자랐지만, 아이들은 긍정적으로 키우고 싶었다. 내 기분보다는 아이들의 기분을 더 중요시하면서.

"어렸을 때부터 진솔한 감정과 멀어지면 자기 자신으로부터 소외되는 것이다. 솔직한 감정을 억누르고 주변을 의식하게 만드는 가르침은 심지어 심각한 피해를 불러올 수 있다."

폴커 키츠, 마누엘 투쉬가 지은 『마음의 법칙』의 발췌문이다.
세상의 중심이 내가 아닌 아이들이 되어버렸다. 나 자신을 사랑하는 것과는 완전히 멀어졌다. 심지어 그것이 올바른 방향이라고 믿었다. 나 자신을 사랑하지 않으면 자신감도 잃어버린다. '내가 과연 할 수 있을까.'라는 생각에 지배당한다.
나는 "더 이상은 못 해. 내가 또 애를 낳으면 성을 갈고 만다!"라고 엄마에게 푸념을 늘어놓았다. 그런데 이 말이 씨가 되고 말았다. 지금 나는 성을 갈아야 할 판이다. 몸의 변화에 예민한 터라 조그마한 변화도 감지할 수 있었다. 나의 불길한 예감은 적중했고 생각지도 못한 아이가 생겼다. 정말 하늘이 무너지는 것 같았다. 낳아서 키울 생각을 하니 눈앞이 깜깜했다. 하늘을 원망하고 애들 아빠를 원망했다. 앞으로 닥칠 상황을 감당할 자신이 없었다. '이 몸으로 또 어떻게 애를 낳고, 키워!'

엄마와 애들 아빠는 배 속의 생명에 대해 부정적이었다. 나를 위로해 주는 사람은 단 한 명도 없었다. 정말 죽고 싶었다. 만성통증을 앓고 있던 나는 지금의 상황을 도저히 감당할 자신이 없었다. 심지어 셋째가 태어난 후에도 현실을 인정하지 않았다. "엄마, 유준이가 100일이 다 되어 가는데도 믿을 수가 없어. 어떻게 키우지?"라고 누워 있는 아이를 보며 엄마에게 하소연했다.

"자신이 어떠한 행동을 했을 때 원하는 결과를 얻지 못하거나 극복할 수 없는 힘든 상황을 반복적으로 겪게 되면 조금씩 무력감을 받아들여 자신감을 잃게 된다. 심지어 상황을 바꿀 기회가 와도 포기하게 된다."

베스트셀러 작가인 류쉬안은 『성숙한 어른이 갖춰야 할 좋은 심리습관』이라는 책에서 이렇게 말하고 있다. 내가 자신감을 잃게 된 가장 큰 이유는 바로 힘든 상황의 반복 때문이었다.

올해 셋째는 다섯 살이 되었다. 식구 중에서 나와 가장 소통이 잘되는 아이다. '시련은 축복이다.'라는 말처럼 유준이는 시련으로 나에게 왔지만, 지금은 최고의 선물이 되었다.

나의 시련을 축복으로 만들어준 것이 하나 더 있다. 그건 바로 책이다. 책을 많이 읽다 보니 책을 써보고 싶다는 생각이 들었다. 마음은 있었지만, 선뜻 용기는 낼 수 없었다. 10년간의 경력단절로 자신감이 많이 떨어진 상태였다.

바로 이때 〈한책협〉을 알게 되었다. 〈한책협〉의 김태광 대표는 평범한 사람들을 3~4주 만에 작가로 만드는 마이더스의 손을 가졌다. 쉽게 책을 쓸 수 있도록 출판 가이드 특허를 출원해 작가가 되려는 사람들에게 큰 도움을 주고 있다. 나는 그가 쓴 『평범한 사람을 1개월 만에 작가로 만드는 책쓰기 특강』, 『더 세븐 시크릿』, 『100억 부자 생각의 비밀 필사노트』 등을 읽었다. 이 책들은 책쓰기를 망설이는 나에게 큰 용기를 주었다. 책쓰기 교육 과정을 들으면서 확고한 목표의식도 생겼다. 그리고 책쓰기 교육 과정에 등록한 지 3주 만에 출판계약을 했다. 〈한책협〉이 아니었다면 불가능했을 것이다. 또한, 부와 성공에 대한 조언도 함께 얻었다. 책쓰기가 두려워 망설이는 이들에게 〈한책협〉을 꼭 추천해주고 싶다.

노자는 "남을 아는 사람은 슬기롭고, 자신을 아는 사람은 지혜롭다."라고 말했다. 문제가 생겼을 때 자신에게 문제가 있음을 인정해야 하는 이유다. '내가 과연 할 수 있을까?'에 대한 대답은 자기 자신에게 달려 있다. '못 할 거야.'라는 내면의 목소리가 들려온다면, 그 원인은 자신 안에 있는 셈이다. 타인이 아닌 내가 모든 생각과 행동의 중심에 있어야 한다. 나 자신이 확고하지 않기 때문에 '난 잘할 거야.'라는 대답을 스스로 찾지 못하는 것이다.

『성숙한 어른이 갖춰야 할 좋은 심리습관』의 저자 류쉬안은 '자신과 잘 지내려면 먼저 자신을 아껴라.'라고 강조한다. 나는 이제 나와 잘 지내고 있다. 여러분도 자신과 잘 지내고 있는지 생각해보길 바란다.

04

'넘사벽'이라고 자기합리화하지 않기

나는 완벽주의자였다. 사실 지금도 완벽주의 성향을 가지고 있다. "허대리, 아직이야?" 부장님이 물으셨다. "네, 한 번만 더 확인해보고요." 나는 대답했다. "진희야, 아직 멀었어?" 엄마가 물으셨다. "어, 조금만 있어봐. 다했어." 나는 대답했다. "강사님, 추가로 살펴보면 좋을 책이나 논문을 추천해주시겠어요?" 나는 강사님께 물었다. "오늘 알려준 것만 하셔도 충분합니다." 강사님이 말했다. 이것이 바로 나의 모습이었다.

나는 첫째 아이를 출산할 때도 완벽주의 성향이 드러났다. 2013년 여름에 첫째를 출산했다. 당시 거의 대부분의 산모들은 무통분만만을 했다.

하지만 나는 태아에게 조금이라도 영향이 갈까 봐 무통 주사를 맞지 않았다. 집에서 산통을 밤새 하다 아침에 병원으로 갔다. 이미 80%가 진행이 되었다. 활활 타오르는 통증으로 허리가 불에 타는 것 같았다. 하지만 나는 끝내 무통 주사를 거부했다. 지금 생각해보면 고집스러웠던 내 모습이 부끄럽다.

"진희야." 내 친구 민영이가 조심스레 나를 불렀다. "나는 지금 현실에 만족해. 너는 어때?" 민영이가 물었다. "나는 행복하지 않은 것 같아." 나는 대답했다. "내가 본 진희는 현실에 만족하지 못하는 것 같아. 항상 더 많은 것을 원하는 것 같아. 그래서 행복을 못 느끼는 건 아닐까?" 민영이가 말했다. 그때는 민영이의 말에 수긍하지 못했다. 지금은 민영이의 충고가 충분히 이해가 간다.

가수 그레이는 완벽한 성격 탓에 대학시절 낙제를 받았다고 한다. 그레이는 군대를 가기 전 장학금을 받을 만큼 좋은 성적을 유지했다. 하지만 제대 후, 음악 활동을 하면서 수업시간에 지각과 결석을 했다. 그래서 그레이는 좋은 성적을 받기 힘들었다. 결국 공부를 포기했다. 애매한 점수를 받는 것을 용납할 수 없었다.

완벽주의자들은 계획을 잘 세울 줄 알고, 열정적이다. 그 누구보다도

의지력이 강하다. 무슨 일이든 최선을 다하며 최상의 결과를 이끌어낸다. 그래서 자존감과 성취감을 높일 수 있다. 하지만 완벽을 추구하는 사람은 자신에게 부담감을 줌으로써 부정적인 감정에 휩싸이기 쉽다. 원하는 결과를 얻지 못한 경우, 우울이나 강박에 사로잡힐 위험이 크다. 그리고 포기나 실패에 대한 자기 합리화를 한다.

자신이 완벽주의 성향을 가졌다는 것을 깨우치는 것이 제일 중요하다. 아무리 좋은 말이라도 스스로에게 울림이 없다면 소용이 없다. '알아차림', '자아성찰'의 중요성이 화두가 되는 이유이다. 무언가 부족한 것 같다는 생각 때문에 시작을 미루는 일이 잦은가? 혹은 현실과 이상과의 괴리가 크다는 생각에 자신을 괴롭히는가? 그렇다면, 완벽주의 성향을 가지고 있을 가능성이 크다.

완벽주의는 특히 업무 관련해서 주로 야기된다. 많은 사람들이 일할 때 주로 완벽주의를 보인다. 어린 시절 함께 자란 동네 친구가 있다. 친구는 영어도 잘하고 똑똑했다. 친구는 남들이 부러워하는 회사에 다니고 있었다. 어느 날, 나에게 심각한 표정으로 말했다. "진희야, 사실 자진 퇴사하고 싶어." 나는 속으로 생각했다. '잘 다니고 있는데 무슨 일이지?'

평소 친구는 공부나 회사 업무에 있어서 완벽하려는 성향이 있었다. "업무는 많고 그렇다고 대충 하고 싶지는 않아. 완벽하게 잘 해내고 싶어." 친구는 말했다.

친구는 스스로를 힘들게 하고 있었다. 그 당시에는 친구에게 해줄 수 있는 말을 찾지 못했다. 나는 그저 들어주는 일밖에 할 수 없었다. "회사 업무에 필요한 공부도 해야 하는데 의욕이 안 생겨." 친구가 말했다. 나는 이렇게 말해주고 싶었다. '잘하려고 하지 말고 일단 시작해봐.' 하지만 친구에게 말하지 않았다.

"사람들은 시기가 좋지 않다거나 재무 상황이 불안정하다든가, 친구가 반대한다는 이유로 기회를 포기하곤 한다. 너무 많은 사람이 과도하게 분석해 행동한다. 때때로 기회가 주어지면 그 일을 그냥 한번 해볼 필요가 있다."

미국 보안업체 클라우드 플레어 창업자 미셸 재클린과의 인터뷰 중에서 그녀가 한 말이다. 나는 과도하게 분석해 행동하는 사람 중에서 한 사람이다. 지금도 업무에 관한 것은 완벽하려고 애쓴다.

나는 국비지원 강의에 참석했다. "참고도서 외에 추천해주실 서적이 있나요?" 나는 강사님께 물었다. "그냥 참고도서만 보셔도 충분합니다. 일단 이것부터 먼저 보세요." 강사님이 대답했다. 나는 순간 '아차!' 했다. 나는 나의 완벽주의 성향을 알아차렸다. '아! 내가 잘하고 싶은 욕심이 발동했구나!' 나는 강사님이 알려준 참고도서 한 권만 읽었다. 나는 무언가 더 해야 할 것 같은 강박이 들었다. 하지만 이제 나는 나를 조금 알게 되었다. 그래서 나 자신을 통제할 수 있었다. 나는 여전히 완벽주의 성향을 가지고 있다. 하지만 예전만큼은 아니다. 욕심을 덜어낸 만큼 내 마음도 가벼웠다. 이렇듯 소소한 일상생활의 변화가 큰 성장의 동력이 된다.

나는 어떤 일을 시작하기 전에 사전 조사를 많이 한다. 나는 삼남매를 키우면서 자기 계발을 꾸준히 해왔다. 나는 영어공부를 다시 시작하기로 결심했다. 온오프라인 영어수업에 대한 정보를 검색했다. "아이고 참 그냥 대충 고르고 시작해!" 엄마가 말했다. 이후, 영어수업을 등록하기까지는 6개월 넘게 걸렸다. 되돌아보면 웃음이 난다. '내가 그 정도로 심했구나!' 나는 완벽하게 해내려는 성격 탓에 목표를 높게 설정할 수 없었다.

"진희야, 너 자신감을 갖고 해봐. 넌 해낼 수 있어!" 오랫동안 알고 지낸 할머니가 나에게 말했다. '도전할 수 있는 있지만 내가 과연 잘 해낼 수 있을까!' 나는 '넘사벽'이라고 스스로를 합리화했다. '넘사벽'은 넘을 수 없는 사차원의 벽의 줄임말이다. 아무리 노력해도 자신이 뛰어넘을 수 없는 상대를 지칭한다. 나는 도전 자체보다 결과를 중요하게 생각했다. 그래서 나는 내가 완벽하게 해낼 수 있는 것만 했던 것이다.

"책 속에 답이 있다." 나는 이 명언을 사람들에게 자주 이야기한다. 책을 읽다 보면 '아하!' 하는 순간이 누구에게나 찾아온다. 내가 아는 중소기업 대표는 대학교를 자퇴했다. 학교에 대한 부정적인 이야기를 하려는 게 아니다. 대표는 어렸을 적부터 책을 많이 읽었다. 책을 통해 영감을 얻고 사업아이디어도 얻었다. 나는 책을 통해 나의 단점을 찾아낸다. 타인에게 듣는 충고보다 책을 통한 자각이 더 효과적일 수 있다.

마이크로소프트 창업자 빌 게이츠와 테슬라의 최고경영자 일론 머스크가 아무리 바빠도 했던 습관은 바로 독서였다. "지식은 복리로 쌓인다." '오마하의 현인'이라 불리는 워런 버핏의 명언이다. 스펙을 쌓는 것보다 더 중요한 것은 자신에 대한 공부이다. 최고의 적은 바로 자기 자신이다. 내가 '나'를 알아가는 과정에서 책은 큰 도움을 주었다. 책은 최고의 스승이다. 나는 왜 스스로를 합리화했을까? 나는 왜 완벽을 추구하려 할까? 이러한 질문들에 대한 해답을 나는 책 속에서 찾았다. '넘사벽'은 세상이 만든 것이 아니라 바로 자신이 만든 것이다.

"그건 너의 탓이 아니야. 넌 아무에게도 해를 끼치지 않았어. 그건 너의 부모, 너의 환경, 너의 상황 탓이지 너의 잘못은 없어. 그러니 스스로를 자책 하지 마라. 넌 그렇게 가치 없는 사람이 아니다."

영화 〈굿 윌 헌팅〉에서 로빈 윌리엄스가 반항아 맷 데이먼에게 한 말이다. 우리는 지식을 위한 지식을 배워야 하는 환경에서 자라왔다. 스스로를 돌아볼 여유도 생각도 못 하고 살아왔다. 우리 자신의 탓이 아니다. 그저 '넘사벽'의 사회적 분위기에 휩쓸려 살아온 것이다. 우리 모두는 토닥임이 필요하다. 위로를 받는 순간 변화하고 성장한다. 여태까지 열심히 살아온 모두에게 토닥토닥.

자기방어를 위해 회피하지 않기

"나는 낯선 사람 만나는 게 불편해. 낯선 상황도 싫어." 내 친구 선영이는 대인기피증이 있다. 최근 증상이 심해진 탓인지 다니던 회사를 갑자기 그만뒀다. 나는 이 소식을 듣고 많이 놀랐다. 잘 다니고 있던 회사를 갑자기 그만둔 것이 이해되지 않았다. "선영아, 무슨 일이야? 도대체 어떻게 된 거야?" 나는 선영이에게 물었다.

평소 선영 이는 직장 상사와의 갈등이 종종 있었다. 퇴사의 원인은 직장 상사 때문이었다. 일방적인 직장 상사의 태도에 질려버린 것이다. 나는 아무 준비 없이 퇴사해버린 선영이가 걱정스러웠다. "걱정 마, 좀 쉬고 공부하면서 앞으로의 계획을 세워봐야지."라고 선영 이는 나를 안심시켰다.

나는 그런 선영이가 걱정되었다. 선영이에게 상담 센터 방문을 권유했다. 마음의 안정을 위해 전문가 상담을 추천했다. 며칠 뒤, 선영 이에게서 연락이 왔다. "진희야, 네가 말했던 상담 센터가 어디야?" 나는 선영이를 대신해 상담 예약을 했다. 그리고 나는 예약 당일에 센터 앞에서 선영이를 기다렸다. "긴장하지 말고 상담 잘하고 와. 카페에서 기다리고 있을게." 나는 선영이에게 용기를 북돋워 주었다.

나는 카페에서 선영이를 기다리고 있었다. 커피를 마시고 한숨을 돌리려는 순간, 선영이가 나타났다. "뭐야? 왜 이렇게 빨리 온 거야?" 선영이는 대답 대신 그냥 웃었다. 선영이에게 낯선 사람과의 일대일 상담은 무리였던 것이다.

우리는 무의식적으로 자기 방어를 한다. 선영이는 자신을 보호하기 위해 낯선 사람을 회피하면서 살았다. 자기 방어는 감당하기 힘든 감정을 다루기 위한 적응 수단이다. 자기 방어는 자신을 보호하는 효과적인 수단이 될 수 있다. 하지만 이것이 지나치면 오히려 해로울 수 있다. 선영이는 최근 지인의 강력한 추천으로 연기 학원을 다닌다고 했다. 본인의 의지보다는 지인의 압박 때문에 학원을 다닌다고 했다.

"어쩔 수 없이 연기 선생님을 만났어. 처음엔 너무 가기 싫었는데 지금은 조금 나아졌어." 선영이는 연기 수업보다는 자신의 내면의 소리를 듣기 위해 시작하였다. 그리고 현재는 아홉 번 수업을 받았다고 한다.

"진희야, 내가 왜 낯선 상황을 싫어하는지 이유를 알게 되었어. 학원가는 게 여전히 편하지는 않지만 도움은 되는 것 같아." 선영이의 대인 기피 증상은 조금씩 나아지고 있다.

"그것이 외면이든, 부정이든, 자신을 보호하기 위해 작용하는 심리 작용을 우리는 방어기제라고 부른다. 방어기제란 말 그대로 자신을 외부 공격으로부터 보호하는 기술을 말하는데, 마음을 방어하기 위한 기술은 사람마다 제각각이고 선호하는 방식도 다양하다. 방어기제는 대부분 무의식적으로 작용하기 때문에 자신이 어떠한 방어기제를 선택하지는 알아차리기가 어렵다."

민 정신의학과 이승민 원장의 저서 『자기 합리화의 힘』의 인용문이다. 자기 방어는 무의식적으로 일어난다. 선영이는 자신이 어떠한 방어기제를 선택하는지 알아차렸다. 자신의 대인 기피증의 원인을 알았고 조금씩 그것을 해결해가고 있다. 나는 과연 어떤 방어기제를 쓰고 있을까?

"나는 모든 게 내 탓인 거 같아." 나는 친구와 전화 통화를 하고 있었다. "아니 그게 왜 네 탓이야. 그건 남 탓이지." 친구는 내 생각이 틀렸다고 했다. "나도 처음엔 남 탓을 해봤는데 곰곰이 생각해보니 결국 화살이 나한테 돌아오더라." 결혼 후, 이런 저런 가족 간의 갈등을 겪으면서 스트레스를 많이 받았다.

과거의 일 때문에 더 이상 스트레스를 받고 싶지 않았다. 내가 처한 상황은 내가 만든 것이라고 결론을 지었다. 나는 남을 탓하는 것보다 내 탓을 하는 것이 마음이 편했다. 나는 내 탓이 심해지면 자기 비난으로 이어진다는 것을 몰랐다. 오래전, 동네 아는 언니가 나에게 이런 말을 했다. "진희야, 너는 너 자신을 아끼지 않는 것 같아."

나는 그 언니의 말에 동의할 수 없었다. 사실 무슨 말인지 조차 알아듣지 못했다. 나는 다른 사람에 대한 미움을 나 자신에게 돌렸다. 이것은 나의 자기 방어기제였다. 자기 비난은 타인에게 향하는 부정적인 감정을 자신에게 돌리는 것을 말한다. 자기 비난은 부정적인 감정을 타인이 아니라 자신에게 향하게 함으로써 안전감을 확보한다.

자기 비난은 공격적 충동이다. 왜 타인을 미워하지 않고 자책하게 될까? 왜냐하면 가까운 사람에게 공격적인 행동을 하게 되면 갈등이 생길 가능성이 있기 때문이다. 예를 들면, 부모나 남편처럼 가족을 미워하느니, 내 탓을 하면 그들과의 갈등을 피할 수 있기 때문이다.

나는 분란이 생기는 것을 싫어한다. 갈등 상황이 생기면 마음이 불편하다. 싸워서 갈등상황을 심각하게 만드는 것은 더더욱 참기 힘들다. 이런 상황에서 빨리 빠져나오기 위해 내 탓을 하는 것이다. 이것은 자기 방어를 위한 좋은 방법은 아니다. 갈등 상황을 받아들이고 적극적으로 해결해야 한다. 나처럼 회피해서는 안 된다.

"세상에 필요한 것은 새로운 종교나 철학이 아니다. 세상에 필요한 것은 치유와 재생이다. 세상이 필요로 하는 사람은 신에 헌신함으로써 영성으로 가득한 사람이다. 치유를 일으키는 도구가 되는 사람이다. 치유는 모든 사람에게 중요한 일기기 때문이다."

조엘 S. 골드스미스의 명언이다. 우리는 스스로를 미워하고 있지 않은가? 타인 혹은 자신에게 대한 미움을 사랑으로 바꾸어야 한다. 나는 과거에 머물러 있는 사람이었다. 과거에 머물러 있으면 행복할 수 없다. 그리고 미래를 사는 사람들은 걱정과 불안으로 스스로를 괴롭힌다. 우리는 과거나 미래가 아닌 현재를 살아야 한다.

다른 사람들이 나를 괴롭혔던 일들은 모두 이미 지난 일이다. 그것을 곱씹는 것은 현재가 아니라 과거에 살고 있는 것이다. 우리 모두는 행복해지고 싶어 한다. 그렇다면 물질의 소유로 행복을 사는 것은 순간의 쾌락이다. 자신을 미워하며 현재를 보내는 것은 어리석은 일이다.

자기를 미워하는 것은 마음의 상처를 덧나게 하는 것이다. 자신이 저지른 실수나 판단 착오 등은 지나간 과거이다. 인간은 실수를 깨닫고 자신을 용서하는 과정에서 성장한다. 이런 성장을 통해 자신을 사랑하는 법을 배운다.

"용서는 단지 자기에게 상처를 준 사람을 받아들이는 것만이 아니다. 그것은 그를 향한 미움과 원망의 마음에서 스스로를 놓아주는 일이다. 그러므로 용서는 자기 자신에게 베푸는 가장 큰 베풂이자 사랑이다."

위는 티베트의 정신적 지도자 달라이 라마가 남긴 말이다. 부정적인 감정은 인간관계 뿐 아니라 건강에도 영향을 준다. 사랑과 보살핌으로 키운 식물은 잘 자란다. 사람도 마찬가지다. 자신을 사랑하고 보살펴야 한다. 자기 방어를 위해 자신을 미워하지 말자.

신체적 건강을 위해서는 건강한 음식을 먹어야 한다. 그리고 마음 건강을 위해서는 건강한 감정을 느껴야 한다. 용서는 자신을 위한 위로이다. 타인에게 받는 위로보다 스스로 하는 위로가 훨씬 큰 효과가 있다. 사람들이 나를 미워하더라도 그것은 그 사람의 미움이다. 우리 자신의 것이 아니다. 그 사람의 것을 자신의 것으로 받아들이지 말자. 우리 모두는 소중하니까.

06

트라우마를 숨기지 말고 드러내기

"엄마도 같이 물놀이해요."라고 하면, "엄마는 트라우마 있어서 바닷물에 물 담그는 것조차 싫어해."라고 대답한다. 과거에 물과 관련된 심각한 경험이 있다는 것을 표현한다. 트라우마는 과연 무엇이며 우리 삶에 어떤 영향을 미칠까. 트라우마(Trauma)는 그리스어로 '상처'라는 의미를 가지고 있다. 심리학에서는 정신적인 충격을 말한다. 과거에 경험했던 크고 작은 사건, 사고들에 의해 장기기억으로 저장된다. 충격적인 사건을 겪으면서 자기보호를 위해 무의식에 각인되는 것이다. 비슷한 상황이 발생하게 되면 당시의 감정이 되살아나면서 불안과 우울을 겪게 된다.

초등학교 시절 동네 언니가 운전하는 자전거 뒷자리에 앉아서 신나게 드라이브를 즐겼다.

안전을 위해 차도 바깥쪽에서 달리고 있었다. 그런데 갑자기 운전하던 언니가 차도로 진입을 시도했다. 내 뒤에서 무언가가 '쿵' 하고 부딪히는 느낌이 들었다. 그 순간 기억은 전혀 없다. 정신이 들었을 때, 나는 자전거에서 많이 떨어진 곳에 누워 있었다. 아픈 느낌이 전혀 없었다. 사고 장면을 목격한 동네 주민 분들이 당시 상황을 설명해주셨다. '쿵' 하고 부딪히는 소리가 크게 났다고 한다. 집에 있던 엄마도 이 소리를 들었다고 한다. 설마 내 자식이 사고가 났을 거라고는 상상조차 못하셨다고 한다. 이 사고가 내 기억 속에 자리 잡고 있다는 사실을 모르고 살았다. 가족 중 한 명이 운전을 하고 나는 조수석에 앉아 이동할 때가 있다. '혹시나 사고가 나면 어떡하지.'라는 생각에 운전자 보다 더 긴장을 한다. 긴장한 탓에 머리가 무겁고 마치 내가 운전한 것처럼 피곤했다.

트라우마는 크게 두 종류로 나눠진다. 지진, 태풍과 같은 재난사고, 전쟁 그리고 테러와 같은 큰 트라우마가 있다. 자존감이나 자신감에 상처를 주는 일상생활의 사건들은 작은 트라우마에 속한다. 가족 구성원 간의 갈등, 가정이나 학교, 직장 내에서의 차별대우, 신체적인 질병, 이혼, 실직, 가난 등 작은 트라우마를 일으키는 요인은 다양하다.

누구나 크고 작은 상처들이 있기 마련이다. 내가 초등학교 4학년 어느 시험을 치르던 도중에 있었던 일이다. 나는 열심히 답안지를 작성하고 있었다. 바로 뒤에 앉아 있던 친구가 책상 줄을 맞추기 위해 내 책상을 힐끗 쳐다 봤나보다. 그 순간 시험 감독을 맡으셨던 미술 선생님께서 화가 난 얼굴로 나와 그 친구의 이름을 불렀다. 영문도 모른 채 교실 앞으로 불려 나갔다. "너네 둘이 뭐 한 거야!", "너는 보여주고, 너는 베꼈지?" 이게 무슨 마른하늘에 날벼락. 그건 사실이 아니라고 항변했지만 선생님은 믿어주질 않았다. 정말 사실이 아니었다. 너무 당황스러워 해결방법이 도무지 떠오르지 않았다. 상황은 더욱 심각해져갔다. "너네 둘이 교무실 문 앞에서 손들고 서 있어!"라고 하셨다. 억울함과 분노가 차올랐다. 교무실 복도를 지나가던 사람들도 힐끗힐끗 쳐다보았다. 평소에 나를 잘 아시던 가정 선생님과 딱 마주쳤다. 놀라신 표정이었다. "네가 왜 여기 있어?"라는 물음에 나는 아무 말도 할 수 없었다. 수치심과 함께 말할 수 없는 감정이 올라왔다. 부정적인 감정을 제대로 해소하지 못한 채 살아왔다. '그래, 내가 아니라고 해도 상대방이 믿어주지 않으면 무슨 소용이야.'라는 생각이 나의 무의식에 깊이 자리 잡았다. 이 사건을 계기로 억울한 상황이 발생하면 스스로에게 스트레스를 주고 있었다. 오해가 풀릴 때 까지 맞서 싸우지 않았다. 그 상황을 회피해버렸다.

나의 눈길을 사로잡은 인터넷 기사가 올라왔다. 매일경제 2022년 4월 4일에 올라온 이하린, 한재혁 기자가 쓴 글이다. "김 대리, 시간 되나?… 2년 만의 회식 부활에 직장인 울상"이라는 제목이다. 기사 내용에 따르면 '회식이 코로나보다 무섭다'는 이야기가 나온다. 직장 상사와의 회식 자리는 업무의 연장선이다. 직장상사와의 관계는 소위 말하는 갑과 을의 관계이다. 나는 20대에 최고 갑질 직장상사를 만났다. 성격이 급하고 히스테리적 성향을 가지고 있었다. 신입이면 누구나 할 수 있는 실수에도 심하게 화를 냈다. 감정의 기복도 심한 편이었다. 회식 자리에서 술에 취한 팀장님은 나에게 욕을 하셨다. 나는 그 사람의 감정 쓰레기통이었던 것이다. 그때의 상처를 제대로 치료하지 않았다. 나는 성격이 급하고 화를 잘 내는 사람을 만나면 감당하기 힘든 스트레스를 받는다. 일상생활 속 인간관계에서 오는 상처가 작은 트라우마를 만들어낸다.

코로나 천만 시대가 되면서 '코로나 트라우마'라는 용어를 사용하기 시작했다. 국가트라우마센터에서 코로나19 통합심리지원단을 운영하고 있다. 통합심리지원단이 제공한 자료에 따르면 올해 3월까지 코로나19 확진자와 격리자 등을 대상으로 한 무료 심리상담 건수는 누적 229만 3,229건에 달한다. 올해는 격리 지침 변경으로 격리자가 대폭 감소했지만 여전히 한 달 평균 7만 여건에 달한다. 코로나19 확진자, 가족, 유가족 등 심리적인 문제를 가지고 있는 분들을 대상으로 도움을 주고 있다. 뿐만 아니라, 미확진자들도 심리적인 어려움을 겪고 있다. '코로나19에 걸릴까' 하는 염려에서 온 불안으로 우울감을 느끼기도 한다. 나와 우리 가족은 미확진자이다. '매도 일찍 맞는 게 낫다'는 말처럼 약간의 불안감을 가지고 있다. 초등학교 같은 반 친구들의 확진 소식을 딸로부터 자주 듣는다. 혹여나 하는 마음에 가슴이 철렁한다.

코로나19의 최전선에서 헌신하고 있는 보건의료인들의 위한 대책 마련도 시급하다. 응급의료진들은 확진자 관리에 있어 어려움을 호소하기도 했다. 상당수의 확진자가 의료시설 후송을 거부하며 실랑이를 벌이는 일도 비일비재했다. 또한 시설 격리 해제 후 자택으로 이동 중에 의료진들에게 심한 말과 폭행을 행사했던 일도 있었다. 이때 충격을 받은 의료진들은 병가를 내고 현재도 심한 트라우마에 시달리고 있다고 한다. 이렇듯 전 세계적인 감염병으로 인해 집단 트라우마를 가지게 되었다.

"자기 감정을 모르면 인생을 바꿀 수 없다. 자기 감정을 이해할 때 인생에서 무엇을 어떻게 바꿔야 하는지 알 수 있다."라고 물리학자 게리 주커브(Gary Zukav)는 말했다. 감정은 인간의 생존에 필수적이다. 만약 위험한 상황이 닥쳤을 때 두려움을 느껴야 피할 수 있다. 인간의 감정은 생존을 위한 보호 장치인 것이다.

우리 막내는 누나들이 다니는 마석초등학교 병설유치원에 다니고 있다. 하원 후, 친구들과 학교마당을 신나게 뛰어 다닌다. 막내는 술래잡기를 하고 있던 도중 넘어지고 말았다. "유준아 일어나. 괜찮아!"라고 말했다. "엄마!"라고 불렀지만 다가가지 않고 스스로 털고 일어나기를 기다렸다. 넘어졌을 때 아이의 진짜 감정을 내가 '괜찮아!'라는 말로 왜곡을 시킨 것이다. 그러면 아이는 아파도 아픈 것을 참아야 하는 것으로 인식한다. 솔직한 감정을 억누르고 참아야 하는 것으로 생각하게 만든 나의 행동은 잘못되었다. '아차!' 하는 순간이었다. 어렸을 적부터 나의 내면의 감정을 억누르며 살아온 습관이 자연스러운 행동이 되어버렸다. 나의 감정을 있는 그대로 인지하고, 왜 그런 감정이 일어나는지 원인을 찾아야 한다. 내가 나의 감정을 인정해야 타인의 감정도 있는 그대로 받아들여 줄 수 있다.

뉴욕 시티 레스토랑의 경영자인 대니 메이어(Danny Meyer)는 이렇게 말했다. "인생은 포용하고 극복해야 할 파도의 연속이다." 나는 세상의 진리를 받아들이지 않고 편협한 사고방식을 가지고 있었다. 얼마 전, 우연히 TCI(Temperament and Character Inventory) 검사를 하게 되었다. 기질과 성격에 대한 검사이다. 집 근처 심리 상담센터에 들러 선생님께 검사 결과에 대한 설명을 들었다. 결론은 바로 이거였다.

"허진희 씨, 세상에는 여러 부류의 사람들이 있습니다. 다양한 사람들을 만나보세요." 여태껏 나는 나의 감정을 들여다보며 살펴주지 않았다. 그냥 내가 편한 방식대로 참았을 뿐이다. 이것이 바로 내가 나의 트라우마를 대하는 방식이었다. 나는 나와 잘 맞는 사람들과의 인간관계만 지속해오고 있었다. 내 마음을 건강하게 만들려는 노력을 하지 않은 것이다. 극복하는 것보다 오히려 포기 하는 게 쉬웠기 때문이 아니었을까.

트라우마는 숨겨야 하는 것이 아니라 드러내야 한다. 화를 꾹꾹 눌러 참는다고 없어지는 게 아니다. 자신의 감정을 알아차리고 인정해야 한다. 트라우마를 건강하게 다루면 불안과 우울 같은 정신질환을 스스로 치유할 수 있다.

감정 에너지 함부로 낭비하지 않기

소방관 신동국 씨는 프로 격투기 선수이기도 하다. 소방관을 일을 하며 생긴 외상 후 스트레스를 극복하기 위해 격투기를 시작했다고 한다. 외상 후 스트레슨 장애는 생명을 위협할 정도의 심한 사건 후에 발생한다. 과거에 겪었던 사고나 생각이 후유증으로 남은 것이다. 불안, 우울, 공황장애와 같은 정신질환을 유발하기도 한다.

신동국 씨는 119 대원들이 자신의 아버지를 구조하는 모습을 보고 소방관의 길을 택했다고 한다. 현재 119안전센터에서 화재 진압 업무를 맡고 있다. 소방관 업무를 하면서 여러 가지 힘든 사건, 사고현장을 보았다. 그리고 이러한 일로 동료가 자살하는 것을 겪으며 외상 후 스트레스 장애가 왔다고 한다.

"현장에서 순직한 소방관보다, 근무 중 겪은 충격으로 외상 후 스트레스 장애를 앓다가 유명을 달리한 소방관들이 더 많습니다."라고 신동국 씨는 말했다. 2018년 7월 26일 마이데일리, 최창환 기자가 올린 신동국의 메시지 "순직보다 외상 후 스트레스 장애가 더 많다."라는 기사 내용 중 일부이다.

신동국 씨는 불면증과 우울증이 주요 증상이었다. 또한 술에 의존해서 살았다. 어느 날, 그는 TV에서 우연히 격투기 장면을 보고 시작하기로 마음먹었다. 은퇴할 나이에 프로 격투기 선수로 데뷔하였다. 하지만 외상 후 스트레스도 극복하고 좋은 기량을 발휘하고 있다. 더욱이 마스크 기부를 통해 선행도 베풀고 있다.

살다 보면 누구나 크고 작은 사건. 사고 등을 겪는다. 불안, 우울과 같은 부정적인 감정을 빨리 알아차리고 배출하는 것이 매우 중요하다.

나의 20대의 꿈은 커리어 우먼이 되는 것이었다. 돈도 많이 벌고 성공하고 싶은 열망이 강했다. 성공한 커리어 우먼으로 보이고 싶었다. 평범한 스타일의 옷이 아니라 신진 디자이너의 옷을 사 입기도 했다. 발이 퉁퉁 부어도 힐은 꼭 신고 다녔다. 게다가 입맛도 까다로웠다. 대구 계명대학교 성서캠퍼스 바로 건너편 프랜차이즈 커피숍 사건은 잊을 수 없다. 오랜만에 고향인 대구에 내려갔다. 커리어우먼의 상징인 아이스 아메리카노를 멋있게 들고 기분 내고 싶었다. "아이스 아메리카노 나왔습니다." 라는 점원의 말에 얼른 픽업데스크로 향했다. 오른손에 집어 든 커피를 들고 밖으로 나왔다. 기분 좋게 한 모금을 마셨다. 그런데 커피 맛이 이상했다. 유통기한이 약간 넘은 커피 빈으로 만든 것 같은 맛.

커피숍 앞에 있는 화단에 그대로 버렸다. 다시 커피숍으로 들어갔다. "저, 커피 맛이 이상해요. 돈 낼 테니 다시 만들어 주세요."라고 당당히 말했다. 다시 만들어 준 커피를 마셨다. 그 맛이 그 맛이었다. 나는 화가 나서 또 다시 화단에 버리고 말았다. 지금 생각해보면 얼굴이 화끈거린다. '아, 내가 왜 그랬을까?' '아, 정말 내가 왜 그랬을까?'

그 당시 나의 기준으로는 '음식은 정성이다.'라고 생각했기에 그랬던 것 같다. 대충 만들어서 파는 음식을 보면 화가 나기도 했었다. 정말 쓸데없는 감정 소비를 많이 했다. 감정을 과소비했던 것이다. 뿐만 아니라 카페 점원의 감정 에너지를 마구 쓰게 만들었다. 나의 잘못된 기준이 타인을 힘들게 만들 수 있다.

나의 20대 꿈은 이루지 못한 채 결혼을 했다. 그리고 보물 같은 세 아이도 얻었다. 하지만 정리정돈 강박이 있어 남편과 아이들과의 갈등이 심했다. 귤껍질은 방바닥에 굴러다니고 벗어 놓은 양말은 여기저기 흩어져 있었다. 첫째 아이를 목욕시키기 위해 아기 욕조에 물을 부었다. 목욕을 마친 아이는 물놀이를 더 하고 싶어 했다. 이윽고 사건이 터졌다.

내가 잠시 자리를 비운 틈을 타 욕조 속 마개를 열어 버린 것이다. 방바닥과 장롱 밑으로 물이 순식간에 퍼졌다. 아이는 신이 났고, 나는 화가 났다. 그리고 눈물도 났다. 도저히 혼자 감당할 수가 없었다. 회사에 있는 애들 아빠에게 도움을 청했다. 애들 아빠가 도착 후 정리 작업이 시작되었다. 그렇게 물난리 사건은 마무리 되었다.

장난기 많은 첫째 때문에 힘든 나날을 보내고 있었다. 어느덧 아이는 셋이 되었고 힘은 세 배로 들었다. 한꺼번에 엄마를 불러댄다. 이것저것 해달라고 난리였다. 첫째가 자라 어느덧 초등학교 2학년이 되었다. 애기 사춘기가 온 것이다. 나에게 꼬박꼬박 말대꾸는 기본이었다. 나는 아이의 감정 쓰레기통이 되었다.

나는 나 자신을 위해 해결방법을 찾기 시작했다. 아이의 태도를 바꿀 수 없으면 내가 변해야 했기 때문이다. 오은영 박사의 책과 영상 그리고 동네 언니들의 조언 등을 활용했다. 그리고 심리와 철학에 대한 책들도 살펴보았다.

드디어 몇 번의 시행착오 끝에 방법을 찾았다. 상대방이 왜 그런 말과 행동을 하는지를 알아야 한다. 그리고 그에 대한 내 감정을 알아차리고 인정해야 한다. 제일 중요한 것은 바로 감정분리였다. 내가 직접 경험해 보고 효과를 입증한 지혜이다. 감정에너지 낭비 뿐 아니라 절약에도 큰 도움이 된다.

"엄마 때문이잖아. 다 엄마 때문이야!"라는 말에 나는 속으로 이렇게 말했다. "얘는 내 자식이 아니다. 아니다. 아니다." 처음으로 시도한 방법이었지만 마음이 불편했다. 그래서 곰곰이 생각했다. 드디어 찾았다. 이제 나는 속으로 세 번 이렇게 외친다. '감정 분리! 감정 분리! 감정 분리!' 정말 효과 만점이었다. 명치까지 올라왔던 화가 가라앉는 것을 느꼈다.

자유기고가이며 중국에서 태어난 작가 리스창은 『나는 오늘부터 내 감정에 지지 않기로 했다』의 저서에서 이렇게 말하고 있다.

"부정적 감정을 해소하려면 타인에게 내 감정을 터놓고 이야기할 수 있어야 한다. 남들에게 비웃음이나 원망을 살까 봐 감정을 털어놓기 싫어하는가? 그러나 그 상대가 가족이나 친한 친구라면? 그들은 누구보다 당신을 아끼고 사랑하는 사람들이니 힘이 들 때는 찾아가 고민을 털어놓아도 좋다."

내가 자라온 환경에서는 감정을 억눌러야 했지만 지금은 아니다. 현재의 내 감정을 인정한다. 그리고 나의 이야기를 경청해주는 동네 언니에게 이야기한다. 비록 해결 방법은 찾지 못해도 기분은 한결 나아진다. 예전에는 부정적인 감정을 해독하기 위해 책을 많이 읽었다. 하지만 이것은 증상완화에 지나지 않았다.

독소를 일으키는 근본 원인을 파악하고 그에 맞는 방법을 찾아야 한다. 일단 화가 난 감정을 억누르지 말고 인정해야 한다. 그리고 상대방에 대한 이해가 필요하다. 역지사지를 이용해보는 것이다. 왜냐하면 내 잘못이 아니라 상대방의 기분이 좋지 않은 상태였기 때문일 수 있다. 상대방과 나의 감정을 분리해야 한다. 최근 마음 챙김에 대한 관심이 높아지고 있다. 각종 언론매체나 국가적인 차원에서도 그 중요성을 강조하고 있다.

이선균과 아이유가 주연한 〈나의 아저씨〉라는 드라마에 푹 빠진 적이 있었다. 극중 동훈(이선균)이와 지안(아이유)이의 대사내용이다.

"근데 왜 할머니를 네가 모셔 요양원에 안 모시고?"라고 동훈이 묻는다. 지안은 부모님을 여의고 사채 빚을 갚기 위해 힘들게 살고 있는 캐릭터이다. 그래서 안쓰러운 마음에 동훈이 이렇게 말한 것이다. "손녀는 부양의무자 아냐. 자식 없고 장애 있으면 무료로 들어갈 수 있는데 왜 돈을 못 내서 쫓겨나."라는 말에 지안이는 놀란다. 그동안 이런 말을 해준 사람이 없었기 때문이다.

나는 내가 경험하고 성공했던 방법들을 많은 사람들에게 전해주고 싶다. 어떤 일에 화가 나면 "아, 스트레스 받아."라고 하기보다는 심호흡을 크게 한 후 감정을 분리해보자. 그리고 속으로 '감정 분리, 감정 분리, 감정 분리'라고 말해보자. 반드시 감정에너지 절약효과를 경험할 것이다.

PART 4

뇌과학으로 푸는

불안과 우울

이야기

01

불안은 뇌의 능력을 향상시킨다

보건의료빅데이터개방시스템의 조사 결과에 따르면 2020년 불안장애로 병원을 찾은 환자 수는 74만 7,000여 명이다. 그리고 공황장애를 진단 받은 환자 수는 19만 6,000여 명이다. 2020년 불안과 공황장애로 진료를 받은 사람은 약 100만 명에 육박한다.

"불안해요. 걱정돼요."는 스트레스나 고통이 예상되는 상황에서 누구나 이렇게 말할 수 있다. 위기나 돌발 상황에 대처하기 위한 자기방어 기전이라고 할 수 있다. 코로나19로 인해 직장을 잃어버리거나 파산하는 사람들에 관한 뉴스를 접했다. 갑자기 불안감이 밀려왔다. 애들 아빠는 호텔에서 근무했다. "요즘 호텔 매출이 안 좋아서 큰일이네."라는 말을 들을 때마다 가슴이 철렁했다. 월급날이 다가올 때면 혹시나 하는 마음에 가슴 졸였다. 다행스럽게도 내가 걱정하는 일은 벌어지지 않았다. 하지만 불안한 마음은 항상 가슴속에 있었다. 인간이라면 누구나 자주 느끼는 감정인 불안의 정체는 과연 무엇일까?

"아주 오랜 옛날 독사의 위험을 모르던 원시인이 숲에서 뱀에 물려 생명을 잃었다. 그 후로 다른 원시인들은 뱀과 마주치면 공포를 느끼고 도망가 살아남을 수 있었다. 이처럼 불안과 공포에는 순기능이 있다."

심리상담사 야나가 히데아키의 저서 『불안하다고 불안해하지 말아요』에 나오는 구절이다. 우리는 불안이라는 감정을 부정적으로만 받아들인다. 불안은 사람들을 위험에서 지켜주기 위해 설계된 뇌의 회로이다. 불안한 감정이 없다면 위험상황에서 자신을 지킬 수 없다. 불안은 생존을 위해서는 반드시 필요한 뇌의 기능이다.

뇌는 왜 불안해하는가. 그 해답은 세계적인 신경과학자이자 우울증 전문가인 앨릭스 코브(Alex Korb)가 지은 『우울할 땐 뇌과학』에 나와 있다.

"불안은 공포 회로가 활성화한 결과이다. 공포 회로는 우리를 위험에서 지켜주는 회로이기도 하다. 공포는 신체의 스트레스 반응을 작동시켜 위험에 정면으로 맞서거나 그로부터 달아나기에 알맞은 상태로 만든다."

우리는 불안 덕분에 위험에 대비하고 준비한다. 불안감이 지속되다 보니 우울해지고 일상생활이 힘들어졌다. 정신적으로는 무기력해졌고 신체적으로는 면역력이 떨어졌다. 자식들과도 원만한 관계를 이어나가기가 무척 힘들었다. 이러한 상황이 더 심각해지기 전에 나 자신을 치료해야겠다고 결심했다. 불안에서 벗어나 나를 행복하게 만들어준 비결도 바로 뇌의 순기능 덕분이다.

"빨리 회사 때려치우고 싶어."라는 말을 요즘 많이 들었다. 하나 같이 미래가 불투명하고 현재 자신의 위치가 불안하다고 했다. 그리고 생계를 위해 어쩔 수 없지만 대책이 없다고 했다. 계속되는 불안감은 결국 그들을 무기력하게 만들었다. 하지만 얼마 지나지 않아 좋은 소식이 들려왔다. 회사에서 승진을 한 친구도 있었고, 회사를 계속 다니고 싶다는 마음이 생겼다는 것이다.

그들에게 무슨 일이 있었던 걸까. 불안한 마음을 자기 계발의 원동력으로 이용했던 것이다. 그들은 자기 계발을 통해 직장에서의 신임을 얻어 승진을 했다. 이를 통해 불확실했던 미래에 대한 걱정이 해소되었다. 그리고 자기 계발을 통해 자기 만족감을 얻으면서 회사에 대한 부정적인 생각도 사라졌다. 불안을 잘 이용하면 누구나 자신의 능력을 업그레이드 할 수 있다.

'아픈 거 정말 지긋지긋해.'라는 생각을 자주 했다. 그리고 나는 죽음의 순간에 대한 생각도 많이 했다. 사실 아파서 죽을까 봐 겁이 났다. 이런 두려움이 나를 공부하게 만들었다. 나의 소망은 건강한 모습으로 미소 지으며 떠나는 것이었다. 임사체험과 관련된 이야기도 찾아보았다. '죽는 그 순간은 도대체 어떤 느낌일까, 두렵지 않을까?'라는 생각을 끊임없이 하고 있었다.

나의 병을 고쳐준 제기동 할아버지를 찾아갔다. "할아버지, 나 죽는 거 무서워."라는 말에 할아버지는 뜻밖의 대답을 하셨다. "늙어가는 과정이 무서운 거야." 건강하셨던 할아버지는 복막염 수술로 인해 기력이 많이 쇠하셨다. 거동도 불편해지셨다. 할아버지는 죽음의 순간이 아니라 죽음의 과정이 두렵다고 하셨다. 가슴이 먹먹해졌다. 나 역시 할아버지의 생각에 어느 정도 공감하기 때문이었다. 그래서인지 할아버지는 요즘 식사도 잘 챙기시려고 애쓰신다. 신선하고 맛있는 제철 음식들로 식탁이 가득 찬다.

　나는 이제 죽음의 순간을 두려워하지 않는다. 그것을 걱정하는 것은 부질없다는 것을 깨달았다. 그 순간을 즐기기로 마음먹었다. 나의 마지막 순간을 상상해보았다. 내 곁에 누가 있으면 행복할지까지도 이미 정해놓았다.

　자유기고가 리스창의 저서 『나는 오늘부터 내 감정에 지지 않기로 했다』의 발췌이다.

　누군가가 농부에게 밭에 보리를 심었느냐고 물었다. 농부가 대답했다.

"아니, 비가 올까 봐 걱정돼서 심지 않았소." 그 사람이 다시 물었다.

"그럼 목화를 심었소?"

농부가 대답했다.

"아니, 벌레 먹을까 봐 걱정돼서 심지 않았소."

"그럼 당신은 밭에 무엇을 심었소?"

"문제가 생기지 않도록 아무것도 심지 않았소."

우리 모두는 두려움을 느낀다. 그리고 두려워서 현실에 안주하려고만 한다. 농부는 비가 올까 봐, 벌레 먹을까 봐 걱정돼서 밭에 아무것도 심지 않았다. 위험을 감수하지 않으면 변화가 생기지 않는다. 변화가 없다는 것은 발전이 없다는 것이다. 내가 용기 내서 책을 쓰지 않았다면 작가로서의 새로운 인생을 만나지 못했을 것이다. 또한 불안과 우울을 극복하고 행복하게 된 비결도 필요한 사람들과 나누지 못했을 것이다. 용기를 낸다는 것은 자신뿐만 아니라 타인을 위해서도 꼭 필요하다.

응급실 침대 위에 누웠다. 나는 복수가 차서 임신 5-6개월 정도로 보였다. 담당 의사 선생님께서 배를 만져보시며 몇 가지 질문을 하셨다. 그리고는 CT를 우선 찍어보자고 하셨다. 평소 공황장애가 있던 탓에 CT 촬영에 대한 두려움이 컸다. 촬영실 안의 냄새로 인해 구토감을 느꼈다. 첫 시도를 하려고 누웠다. 바로 일어났다. "저 도저히 못하겠어요."라고 삼성병원 CT 촬영 기사님께 애원했다. 하지만 기사님은 짜증스러운 말투로 나를 달랬다. "열 명 중 한 명 정도만 힘들어 하고 대부분 문제없이 잘하십니다. 이거 못 참으면 어떻게 되는지 아시죠?" 나는 눈물을 머금고 꾹 참았다. 나는 검사가 끝나자마자 구토를 했다. 기사님이 조금 민망하셨나 보다. 이렇게 위로의 말을 하셨다. "정말 힘드셨군요. 대부분 사람은 괜찮은데…." 내가 두려움을 참고 용기 내지 않았다면 지금 이렇게 건강하게 살 수 있었을까.

"여러분은 불안감이 에너지 고갈시키는 원흉이라고 생각하는가, 아니면 에너지의 원천이라고 생각하는가? 긴장감을 느끼면 자신이 압박감을 제대로 다루지 못하고 있다는 신호처럼 해석하는가, 아니면 신체와 뇌가 준비를 갖추고 있다는 신호로 받아들이는가?"

심리학자 켈리 맥고니걸의 저서 『스트레스의 힘』에 나오는 내용이다. 불안과 두려움은 자기를 보호하고 위기에 대처할 수 있는 에너지이다. 불안의 원인은 다양하다. 개개인의 자라온 환경과 성향에 따라 강도가 달라질 수 있다. 하지만 불안은 뇌의 능력을 향상 시킬 수 있는 기회임을 염두에 두어야 한다. 자, 이제 준비되었나요?

02

뇌의 작동원리를 알아야 한다

내가 마흔이 되던 해에 갱년기 증상과 비슷한 경험을 했다. 이러한 증상은 약 2년 정도 지속되었다. 나는 평범한 사람들보다 체온조절이 잘 되지 않았다. 무더운 여름에도 반팔을 입을 수 없었다. 특히, 냉방시설이 가동 중인 실내에서는 반드시 외투를 입어야 했다. 나의 손발은 여름에도 차가웠다. 심지어 온열매트를 사용하기도 했다. 나에게 더 이상한 일도 벌어졌다. 겨울의 어느 밤, 갑자기 숨이 막혀 죽을 것 같았다. 나는 살기 위해 열심히 입으로 호흡을 했다. 그리고 잠시 후, 온몸이 타오르듯 더웠다. 거실로 뛰쳐나와 성급히 창문을 열었다. '휴~우' 조금 살 것 같았다. 폐경이 온 건 아니었지만 호르몬 고갈로 인해 갱년기를 겪은 것이다.

갑상선은 우리 뇌의 명령을 받는다. 우리 몸에 필요한 갑상선 호르몬 양이 적거나 많을 경우 뇌에서 갑상선으로 명령을 내린다. 이때 우리 뇌 (뇌하수체)는 갑상선 자극 호르몬을 방출하여 갑상선이 호르몬을 분비하도록 자극한다. 혈중 갑상선 호르몬이 적으면 갑상선 자극 호르몬 수치가 높아진다. 나는 동네 가정의학과와 기능의학병원의 검사결과가 일치했다. 바로 갑상선 자극 호르몬 수치가 정상수치보다 월등히 높았다. 갑상선은 보일러와 같은 역할을 한다. 갑상선 호르몬 부족으로 인한 열 생산이 안 되면 추위를 많이 타게 된다.

부신은 신장 바로 위에 고깔 모양으로 붙어 있는 기관이다. 우리 몸이 스트레스를 받게 되면 뇌의 명령을 받아 부신에서 전투 상황에 대비를 한다. 부신에서 각종 스트레스 호르몬들이 나온다. 이러한 전투 상황이 만성화 되면, 부신도 지치게 된다. 이것이 바로 만성스트레스로 인한 부신기능저하이다. 부신은 여성호르몬도 분비한다. 나는 만성스트레스로 인해 부신기능에 문제가 생겼다. 이로 인해 여성호르몬 부족으로 갱년기 증상을 겪은 것이다.

나는 본격적으로 학교를 가서 건강에 대한 지식을 쌓기로 결심했다. 아이들이 아직 어려서 온라인 수업이 가능한 학교를 골랐다. 원광디지털 대학교 자연건강학과 석사과정에 지원했다. 세 분의 교수님과 면접을 보게 되었다. "허진희 씨는 지원 동기가 무엇인가요? 왜 이 전공을 선택하게 되었습니까?" 대학원장님의 질문하셨다.

나는 면접을 위한 연습을 따로 하지 않았다. "저는 갑상선 기능 저하가 있고, 첫째는 간헐성 외사시 그리고 둘째는 아토피 피부염이 있습니다. 그래서 건강에 관심이 높아졌습니다. 혼자 집에서 공부하는 것보다 학교에서 전문적인 교육을 받고 싶었습니다." 나는 나의 열정을 충분히 전달했다. 그리고 입학시험에 합격했다.

사실 공부에 대한 열정도 있었지만 일상생활을 탈피하고 싶었다. 학교에 가면 학우들도 만나 담소도 나누는 재미를 느껴보고 싶었다. 건강 서적을 통해서 한의학을 접해보긴 했지만 전문지식을 접한 것은 처음이었다. 교수님의 친절한 설명에도 나는 잘 이해되지 않았다. 내가 생각했던 학교생활보다 훨씬 힘들었다.

아직 어린 두 딸들을 양육하면서 학교 수업과 과제를 하는 것이 부담되었다. 하지만 대면 수업으로 교수님과 학우들을 만나면 신이 났다. 학우들은 다양한 경력을 가지고 있었다. 현직에서 활발히 활동하는 사람,

스님, 그리고 요양병원 원장님 등 다양했다. 우리는 자신의 경험담을 공유하며 학업에 열중했다.

어느덧, 기말고사 시험기간이 다가왔다. 시험은 온라인으로 진행되었다. 그런데 큰일이 났다. 매우 활동적인 성향을 가진 아이들이 놀이터에 가자며 나를 졸랐다. 나는 조금만 기다려달라고 아이들에게 부탁했다. 하지만 철부지 아이들은 떼를 쓰며 울었다. 나의 대학원 첫 학기는 도전과 모험이었다. 나는 결국 기말고사를 치르다 중도에 포기했다. 그리고 아이들을 데리고 놀이터로 갔다. 아이들은 물 만난 고기처럼 신나게 놀았다. 대학원 행정실에서 전화가 걸려왔다.

"허진희 선생님, 제출 하신 답안지가 이상해서 연락드렸어요!" 조교 선생님은 놀란 어투로 질문하였다. 기말고사 시험 문제는 2개였고 서술형이었다. 한 개에 50점에 해당하는 문제였다. 나는 한 문제만 풀고 그냥 답안지를 제출했다. 이것을 확인한 조교 선생님이 놀라서 전화를 한 것이었다.

"죄송해요. 아이들이 놀러 나가자면 떼를 써서 반 만 쓰고 반은 못 쓰고 나왔어요." 교수님과 조교 선생님은 나의 가정사를 잘 알고 있었다. "허진희 선생님, 기말고사는 성적에 50%가 반영이 되는데 이렇게 되면 좋은 점수를 받으실 수 없어요. 기회를 드릴 테니 30분 내로 작성해서 제출해주세요." 조교 선생님께서 호의를 베풀어주었다.

"저, 지금 집 근처 놀이터가 아니라서 집까지 가려면 시간이 좀 걸려요. 30분 내로 제출이 불가능할 것 같아요."라고 나는 대답했다. 지금 생각해도 내가 왜 그랬는지 모르겠다.

결국 나는 나머지 답안지를 제출하지 못했다. 그리고 좋은 성적을 받을 수 없었다. 지금도 그 과목은 나의 오점으로 남아있다. 하지만 나는 선택에 후회를 하지 않는다. 다만 나의 실수라고 생각한다.

나는 학과목 중에서 심리학과 뇌과학에 끌렸다. 한의학에서는 몸과 마음이 연결되어 있다고 하는데 그것을 확인하고 싶었다. 과연 어떤 원리로 몸과 마음은 하나라고 하는 건지 궁금했다. 우리는 매일 스트레스를 받는다. 스트레스를 받으면 몸에서 어떤 변화가 생겨날까?

국어사전에서는 스트레스를 이렇게 정의한다. 스트레스는 적응하기 어려운 환경에 처할 때 느끼는 심리적·신체적 긴장상태이다. 스트레스는 생명체가 주변 환경의 상황 변화에 대응하는 방식이다. 모든 생명체는 스트레스 요인을 감지하고 분석한다. 우리의 뇌는 외부로부터 오는 감각정보를 받아들인다. 그리고 받아들인 정보를 바탕으로 자극에 반응한다.

일반적으로 뇌는 스트레스 상황에 놓이면 몸을 긴장하게 만들어 스트레스에 대응할 준비를 한다. 이러한 역할을 하는 것이 우리 몸의 자율신경계이다. 우리가 위협에 직면하면 심장박동이 빨라지고 혈압이 상승하며 동공이 확장된다.

적당한 스트레스는 오히려 긍정적인 영향을 준다. 우리 몸을 각성 상태로 유지하게 도와준다. 인체가 각성 상태가 되면 작업 수행 능률이 올라간다. 그러나 모든 스트레스 상황이 이로운 것은 아니다. 우리의 뇌가 과도하게 흥분하게 되면 오히려 수행능력이 떨어진다. 또한 앞으로 겪을지도 모를 시련을 미리 걱정하면 나쁜 스트레스 상태에 머물게 된다.

이러한 나쁜 스트레스 상태가 만성화 되면 인체에 악영향을 끼친다. 우리의 뇌가 스트레스 호르몬을 제대로 통제하지 못하게 된다. 그로 인해 고혈압, 당뇨, 그리고 우울증 등을 유발한다.

피곤과 피로의 차이점은 무엇일까? 피곤은 마음이 지친 것이다. 피로는 육체적 노동으로 인해 몸이 지친 것이다. 우리는 몸이 힘들면 몸을 쉬게 한다. 마찬가지로 마음이 힘들다고 하면 뇌를 쉬게 만들어줘야 한다. 뇌를 쉬게 하면서 나쁜 스트레스 상태가 되지 않도록 해야 한다. 우리는 배가 고프면 맛있는 음식을 넣어준다. 마음이 고프다고 하면 맛있는 생각을 넣어주어야 한다. 과연 우리는 이것을 잘하고 있을까?

스트레스가 질병에 미치는 영향은 전 세계적인 위기 중 하나이다. 우리는 아직 스트레스에 대한 과학적인 이해가 부족하다. 스트레스로 인한 만성질환이 이슈이다. 스트레스의 영향이 지속적으로 쌓이면 심장질환, 소화기 질환 그리고 신경정신과적 질환 등으로 이어질 수 있다.

스트레스성 만성질환은 병원을 가도 원인을 찾을 수 없는 경우가 허다하다. 아무리 검사를 해봐도 정상수치로 나온다. 환자들은 혼란에 빠지고 원인을 찾기 위해 병원 투어를 한다. 스트레스는 현대사회의 최대 난제이다. 스트레스에 대한 과학적 교육이 국가 차원에서 이루어져야 한다.

03

식스센스를 이용하여 뇌를 속여라

나는 좁은 엘리베이터에서 빠져나오지 못하는 꿈을 자주 꾸었다. 스트레스로 인해 불안해 지면 어김없이 이런 꿈을 꾸었다. 수많은 꿈 중에서 왜 하필 좁은 엘리베이터에 갇히는 꿈일까? 꿈속에서 여러 사람이 함께 엘리베이터에 갇힐 때는 덜 무섭다. 하지만 혼자일 때는 꿈에서 깬 후에도 두려움이 가시질 않는다. 그리고 몸도 천근만근이다. 마치 실제 상황에서 경험한 것처럼 온몸이 아프다. 해몽 검색을 했다. 해몽에 따르면 일이 잘 풀리지 않거나 고립되는 상황이 온다는 것이다.

나는 공황장애 진단을 받은 후, 그 원인을 찾기 시작했다. 나에게 공포감을 줬던 시련이 무엇이었을까? 나는 어떤 상황에서 두려움을 크게 느꼈던 걸까? 나의 생존을 위협했던 사건들은 뇌의 어디에 저장되어 있을까? 나의 무의식 속까지 들어가 보기로 했다. 내가 평소에 의식하지 못하는 과거 부정적인 경험들을 떠올려봤다. 독자 분들에게 가장 큰 고통을 준 사건은 무엇이었나요? 누구나 하나쯤은 가지고 있다.

셋째 아이 분유를 태우기 위해 자리에서 일어났다. 나는 심하게 어지러웠고 앞이 보이질 않았다. 그리고 귀가 멍해지면서 '삐' 하는 소리가 났다. 그 순간 죽을 것 같은 두려움이 나에게 왔다. 어지러워 서 있을 수 없었다. 주방 바닥에 그냥 누웠다. 그 당시 셋째는 어려서 엄마에게 무슨 일이 일어났는지 전혀 몰랐다. 셋째는 분유를 달라고 재촉했다. 나를 도와줄 사람은 아무도 없었다.

나는 도와달라는 소리도 지를 수 없었다. 배고파하는 셋째를 보니 초능력이 생겼다. 겨우 몸을 일으켜 분유를 탔다. 그리고 다시 바닥에 쓰러졌다. 나의 손가락은 점점 오그라들기 시작했다. 내 마음대로 움직일 수 없었다. 또 다시 공포감이 밀려왔다. '이러다 죽겠구나!'라는 느낌이 들었다. 셋째는 누워서 혼자 분유를 먹고 있었다.

'겁먹지 말고 정신 차리자!'라고 굳게 마음을 먹고 휴대전화를 찾았다. 다행이었다. 애들 아빠에게 전화를 하고 오기만을 기다렸다. 나는 오그라드는 손가락을 펴기 위해 노력했다. 조금씩 마비증상이 나아졌다. 그 날의 기억이 매일 떠오르지는 않는다. 하지만 그 기억을 회상하면 눈물이 난다.

기억이란 무엇일까? 기억은 생각을 기록하는 것이다. 그렇다면 우리는 언제 기록하는가?

대학원 수업시간에 교수님께서 이렇게 말씀하셨다. "내가 이 부분을 기말고사에 냈는데…"라는 말이 채 끝나기도 전에 주변이 분주해졌다. 학우들은 중요 부분을 메모하고 있었다. 우리는 중요한 사실이나 잊어버리면 안 되는 것들을 기록한다. 우리의 뇌 역시 기억이라는 방식으로 뇌에 기록해둔다. 예를 들어, 일주일 전 저녁에 무엇을 먹었는지 떠올려보자. 아마 기억나지 않을 것이다. 그렇다면 우리는 무엇을 기억할까?

"성공, 실패, 사랑, 모멸, 결혼, 이혼, 탄생, 죽음 등 감정이 결부된 사건들도 오래 기억에 남는 경향이 있다. 여러 연구에 따르면 사람들은 감정을 유발하는 경험을 그렇지 않은 경험에 비해 더 잘 기억한다. 일반적으로 감정이 강력할수록 기억은 더 생생하고 세세한 내용까지 정교해진다."

과학자의 눈과 시인의 귀를 가진 신경과학자, 리사 제노바의 저서 『기억의 뇌과학』의 인용문이다. 내가 쓰러졌던 일은 공포라는 감정이 강렬하게 뇌에 기록된 것이다. 그 상황을 혼자 감당해야 했던 외로움이 지금도 생생하다. 나는 경제적인 어려움도 많이 겪었다. 이 또한 스스로 해결해야 했다. 세상에 기댈 곳이 없다는 외로움은 정말 무섭다.

공황장애, 불안 등의 정신질환이 오는 이유는 개개인의 경험에 따라 원인이 다르다. 비슷한 증상으로 표현된다. 하지만 기억으로 저장되는 경험은 다르다. 공황장애로 인한 공황발작증상은 유사하다. 심장이 빨리 뛰고, 호흡이 가빠지며 죽을 것 같은 기분이 든다. 하지만 공황발작을 일으킨 기억 속 사건들은 동일하지 않다. 이점을 유의해야 한다. 각자의 식스센스를 이용해야 원인을 찾아낼 수 있다.

나는 주유소에 있는 자동세차장을 이용하지 못했다. 나는 떨리는 마음으로 자동세차장 속으로 들어갔다. 올 것이 왔다. 나는 공황발작을 일으켰다. 증상은 사람들이 흔히 겪는 것이었다. 나는 극복해보기로 다짐했다. 왜냐하면 자동세차장은 저렴하고 편리하기 때문이다. 그리고 나는 스스로를 통제할 줄 아는 사람이 되고 싶었다. 어떤 상황이나 사람에 의해 휘둘리고 싶지 않았다. 내가 누구인가! 나의 둘째 숙모는 엄마에게 이렇게 말했다고 한다. "형님, 진희는 어렸을 적부터 물건이었어요." 대구 성서 갈산동 금동댁의 둘째 손주가 아니었던가.

얼마 지나지 않아, 나는 스스로 찾아낸 방법을 써보기로 했다. 자동세차장 입구에서 심호흡을 했다. 그리고 자동세차장으로 진입했다. 내가 좋아하는 유튜브 영상을 시청했다. 세차장 속에 갇힌 상황을 의식하지 않으려 애썼다. 내가 보고 있는 영상에만 집중하려고 노력했다. 나의 심장이 조금 조여왔고 바로 심호흡을 했다. 이게 어떻게 된 일인가! 나는 무사히 세차장을 통과했다. 잊을 수 없는 기쁨이 나의 기억으로 저장되었다. 나는 '과연 될까'라는 의심에서 '해냈다'는 자신감이 생겼다.

우리의 뇌는 멀티태스킹이 되지 않는다. 우리는 동시에 여러 가지 일을 잘하고 있다고 생각한다. 하지만 우리의 뇌는 멀티태스킹을 할 수 없다는 연구 자료들이 많다.

인지심리학자 대니얼 J. 레비틴의 저서 『정리하는 뇌』의 발췌이다.

"우리가 실제로 하는 일은 주의를 하나의 과제에서 다른 과제로 신속하게 옮겨가는 것밖에 없다. 그 결과, 두 가지 나쁜 일이 일어난다. 우리는 어느 한 과제에도 충분히 주의를 기울이지 못한다. 그리고 어떤 과제든 거기에 쏟는 주의의 질이 감소한다."

나는 세차장 속에서 대니얼의 연구내용에 대해 스스로에게 실험해보고 싶었다. 그래서 나는 자동세차장 속에 갇힌 상황보다 영상에 집중했다. 그리고 평소 멀티태스킹이 안 된다는 것은 생활 속에서도 많이 체험했었다. 내가 운전을 하면서 온라인 강의를 들었을 때와 강의에만 집중했을 때의 차이는 확연했다.

첫 번째 시도가 성공적으로 끝난 후, 두 번째 실험을 진행했다. 반복학습으로 기억을 강화하고 싶었다. '불안의 기억'을 '기쁨의 기억'으로 바꾸는 작업이다. 나의 두 번째 실험은 어떻게 되었을까요?

이번에는 세차장 속에서 내가 좋아하는 노래를 들었다. 나는 그 어떤 공황발작 증상도 느끼지 못했다. 더욱이 노래에 집중하지 않았음에도 멀쩡했다. 정말 기뻤다. 약물의 부작용 없이 온전히 뇌과학으로 마음을 치료한 것이다. 나는 하루라도 빨리 아픈 사람들에게 비법을 전해주고 싶다. '과연 될까?'는 자기의심이요, '자신감'은 스스로를 믿는 것이다. '믿져

봐야 본전이다.'라는 말을 나는 좋아한다. 용기가 나지 않을 때 스스로에게 자주 하는 말이다.

우리는 오감(미각, 청각, 촉각, 시각, 후각)을 가지고 있다. 우리의 뇌는 이러한 다섯 가지 정보를 분석하고 인체에 명령을 내린다. 생존에 위협이 되는 사건들은 강렬한 감정과 함께 뇌에 저장된다. 이는 인간의 생존본능이다. 뇌가 하는 일은 우리의 마음대로 관여할 수 없다. 하지만 뇌의 원리를 이해하면 뇌를 속일 수는 있다.

뇌에게는 오감이 있고, 우리에게는 식스센스가 있다. 어떤 사건을 떠올리면 화가 나거나 눈물이 나는가? 자신의 감정기억에만 집중했기 때문이다. 뇌는 오감을 통해 얻은 감각을 이용하여 외부 정보를 신경을 통해 뇌로 전달한다. 그리고 왜 화가 나고 눈물이 났을까? 사실기억을 떠올려보자. 각자의 부정적인 경험에 대한 사실만 생각해보자. 이것이 바로 식스센스이다. 나를 힘들게 했던 원인을 스스로가 찾을 수 있게 된다.

04

우울을 뛰어넘는 새로운 신경망 만들기

내가 다녔던 회사 사장님들 중에서 가장 기억에 남는 분이 있다. 당연히 부정적인 기억으로 남아 있다. 나를 무시하는 막말을 아무렇지 않게 했던 사람이다. 내가 살면서 이렇게 무시 당해보긴 처음이었다.

나는 인생 최고 막말을 듣고 회사를 나왔다. 집 나간 정신을 붙잡으려고 긍정적인 생각을 해보았다. 이 방법은 큰 도움이 되지 않았다. 시간이 지나면서 점점 더 화가 치밀어 올랐다. 그리고 그날 밤, 나는 잠을 이룰 수 없었다. 다음 날 아침, 눈을 뜨자마자 그 생각이 내 머리를 헤집고 다녔다. 정말 괴로웠다. 생각하지 않으려고 할수록 더욱더 생생한 기억으로 나를 찾아왔다.

우리의 뇌는 부정적 편향성을 가지고 있다. 불안, 분노와 같은 부정적인 감정에 민감하게 반응한다. 인간의 생존을 위협하는 부정적인 감정에 집중하는 것이다. 나쁜 기억이 자꾸 생각나는 이유는 바로 뇌의 부정적 편향성 때문이다. 부정적인 것은 전파력이 강하다. 악성 댓글 하나가 한 사람 인생을 좌지우지한다. 열 번 잘하다가 한 번의 잘못으로 잘나가던 연예인이 나락으로 떨어지기도 한다. 이러한 부정적 편향을 가진 뇌를 항상 인지해야 한다.

세상을 떠들썩하게 만들었던 사건들은 공통점이 있다. 이 사건들의 가해자들은 모두 모욕 혹은 무시를 당했다. '무시'는 이성을 잃게 만드는 괴력을 가지고 있다.

"아버지 무하마드 빈 라덴은 종종 자식들의 어머니가 누구인지 혼동을 일으킬 만큼 많은 자식을 두었다. 아버지는 위대하였으나 자신은 그저 22번째 아들에 불과했다! 오사마는 열등감에 몸서리 쳤고, 사우디 왕실과 주류사회에서 소외되어갔다. 다른 형제들은 다 서구 사회를 유람하며 충분히 경험을 쌓았지만 그는 중동 촌놈이었다. 오사마는 상대적 박

탈감을 느꼈고, 이 상처로부터 벗어나기 위해 극단적인 종교주의에 심취했다."

뇌를 공부하는 의사, 김재현 작가의 저서 『왜 나쁜 기억은 자꾸 생각나는가』의 발췌이다. 이처럼 사람은 자아존엄성에 상처를 입으면 최악의 상황을 만들 수 있다. 내 인생 통틀어 최고의 무시를 당해보니 긍정의 힘도 소용이 없었다. 그래서 나는 새로운 신경망을 만들기로 굳은 결심을 했다.

우리의 뇌에는 그물처럼 퍼져 있는 망상활성계라는 시스템이 있다. 이것은 채반과 비슷한 역할을 한다. 오감을 통해 들어온 모든 정보들은 망상활성계를 통해 걸러진다. 필요한 정보들만 뇌로 전달된다. 만약 필터링 역할을 하는 망상활성계가 없다면 뇌는 과부하가 걸릴 것이다. 마트에 가서 쇼핑을 하고 있는 자신의 모습을 상상해보자.

자신의 오감을 통해 들어오는 정보는 어마어마하다. 시각을 통해 진열대의 수많은 상품들이 보인다. 후각을 통해 맛있는 튀김, 떡볶이, 구운 삼겹살 냄새를 맡는다. 청각을 통해 지나가는 사람들의 말소리, 장난감 사달라고 엄마에게 떼쓰는 소리를 듣는다. 이러한 정보들은 한꺼번에

파도처럼 밀려온다. 우리의 뇌는 일사불란하게 움직인다. 망상활성계는 99.9%의 정보는 무시하고 필요한 1%만 수용한다. 망상활성계는 생존을 위협하는 것과 당장 알아야 할 정보를 우선적으로 받는다.

　내 인생 최악의 막말을 한 사장에 대한 생각을 지우려 하지 않았다. 그냥 그 사람이 떠오르면서 화가 나는 감정을 고스란히 느꼈다. 그리고 다음 단계로 넘어갔다. 우리 뇌의 망상활성계에서 착안하여 새로운 신경망을 만들었다. 나에게 화를 내며 무시했던 사장의 말을 재활용해보기로 했다. 이것이 바로 새로운 신경망의 시초이다. 우리가 화를 낼 때는 에너지가 많이 필요하다. 그 사장이 나에게 주었던 부정에너지를 새로운 신경망, 즉 '재활용신경센터'로 보내어 재생에너지로 바꾸는 것이다. 나는 나의 뇌 속에 재활용신경센터를 만들었다.

　나를 괴롭히던 그날의 기억이 떠오르면 더 이상 상처받지 않는다. 가끔씩 생각이 날 때면 재활용신경센터를 이용해 재생에너지로 바꾼다. 그리고 재생에너지를 이용해 동기부여 및 자기 계발을 한다. 지금의 나는 재생에너지 덕분에 많이 성장했다. 괴로움, 수치심 등은 후천적으로 습득된 감정이다. 이러한 후천적 감정은 자신의 성공을 방해한다. 폐기물은 환경오염을, 나쁜 감정은 뇌 오염을 일으킨다. 우리의 뇌 건강을 위해 재활용신경센터를 만들어보자!

"가난하게 태어난 것은 내 잘못이 아니지만 가난하게 죽는 것은 내 잘못이다." 마이크로 소프트 창업자 빌 게이츠가 남긴 말이다. 경제관념이 부족했던 나에게 영감을 주었던 명언이다.

"절대 포기하지 마라. 절대, 절대, 절대 포기하지 마라. 명예와 분별의 소신에 따른 것이 아니라면, 대단한 일이든 작은 일이든 큰일이든 하찮은 일이든 어느 것에도 포기하지 마라. 결코 힘에 굴복하지 마라. 적들이 명백히 압도적인 힘으로 덤벼도 결코 굴복하지 마라." 영국의 정치가 윈스턴 처칠의 말이다.

대단한 일을 시작하기는 어렵다. 그래서 나는 최악의 시련을 겪으면서 작은 일부터 시작했다. 그것은 바로 필사였다. 그 당시 상황에서 내가 바로 시작할 수 있는 것이었다. '밑져봐야 본전이지.'라는 마음으로 필사를 시작했다. 책을 필사하면서 괴로웠던 마음이 조금 가라앉기 시작했다. 마음은 진정되었지만 현실의 벽에 부딪혀 또 다시 괴로워졌다.

지금 그 당시 필사한 책을 펼쳐보면 가슴이 저려온다. 그리고 부끄럽기도 하다. 사실 책 여백에 화가 나는 감정을 표현하기도 했다. 신을 욕하기도 하고 나 자신을 원망하기도 했다. 그리고 필사노트에 적었던 소원들은 다 이루어졌다.

나는 필사노트의 첫 장에 이런 문구를 적어놓았다.

1. 감사하기가 치유에 미치는 힘
2. 믿음이 성취에 미치는 힘
3. 웃음과 기쁨이 질병을 녹여 없애는 힘

나는 2020년에 필사를 시작했다. 나는 그때 이미 작은 행동의 위력을 알고 있었나 보다. 소소한 행동변화가 나를 작가로 만들었다. 바위틈에 고여 있는 작은 물이 얼어 바위를 깨트리듯, 나의 작은 행동이 성공으로 이끈 것이다.

자신만의 다이어리를 만들어 좋은 글귀를 필사하는 것도 좋은 방법이다. 회사에서 사용하는 메모지를 이용해서 쉽게 시작할 수 있다. 지금은 손으로 글씨를 잘 쓰지 않는 시대이다. 하지만 심리학자와 신경학자들은 손으로 글씨를 쓰면서 학습한 아이들이 아이디어를 내고 정보를 습득하는 능력이 뛰어나다고 주장한다.

"부정적인 상황에서도 긍정적인 면을 보는 내공을 기르자. 그것이 스트레스를 줄이고, 질병의 접근을 막고, 인생의 성공률을 높이고, 수명을 연장하는 비법이다. 긍정적인 면을 보는 것은 개인의 결심이고 선택이다. 긍정적인 면을 RAS(망상활성계)를 통해 프로그래밍하면 그것이 현실이 된다."

앨런& 바바라 피즈의 저서 『결국 해내는 사람들의 원칙』의 인용문이다. '필사'와 재활용신경센터를 만들어 우리 뇌의 새로운 신경망을 만들어보자. 내가 세상을 바꿀 수는 없지만 '나'를 바꿀 수는 있다. 이것은 누구나 할 수 있다.

05

근력이 부정을 극복하는 힘을 만든다

요즘 가정에서 하는 온라인 홈트(홈트레이닝)가 유행이다. 건강에 대한 관심이 높아지면서 직장인, 학생, 노인들까지 그야말로 운동이 대세다. 집 주변 산책로를 따라 조깅을 하거나 자전거를 타는 사람들도 부쩍 늘었다. 자전거는 직장인들에게 있어 출퇴근을 위한 운송 수단이었다. 하지만 현재는 직장인들의 스트레스 운동으로 자리 잡았다. 특히, 여성들은 집에서 하는 홈트를 많이 이용한다. 심신의 건강을 위해 운동은 반드시 해야 한다는 것이 당연해졌다.

메디컬 투데이 2021년 12월 8일 이재혁 기자가 쓴 "코로나19 시기 온라인 홈트 받았더니, 스트레스. 우울 줄어"에 기재된 내용이다.

"최근 건국대 글로벌 캠퍼스 김주영 교수팀이 20~50대 건강한 남녀 150명(남녀 각각 75명)을 대상으로 온라인 홈트 프로그램을 4주간 수행한 결과, 스트레스와 우울은 줄고 자기 효능감은 증가했다. 코로나19 팬데믹 동안 가정에서 온라인 홈트(홈트레이닝)를 4주간 받도록 했더니 스트레스 점수가 18%가량 감소한 것으로 나타났다."

우울이나 공황장애의 치료법 중에서 운동은 빠지지 않는다. 나 역시 보건소와 병원에서 우울증 진단 받고 제일 먼저 했던 것이 바로 운동이었다. 워낙 신체기능이 많이 저하된 상태여서 걷기부터 시작하였다. 셋째를 힘든 과정 속에서 출산하다 보니 산후 건강회복이 쉽지 않았다.

나는 산후통과 함께 세 아이의 육아로 우울 증상이 심했다. 석촌호수 산책로를 따라 걷기부터 시작했다. 한 걸음씩 아주 천천히. 스트레스와 운동의 상관관계를 직접 경험해보았다. 나는 운동을 하면서 혈액 순환이 잘되어 통증이 점점 줄어들었다. '아, 살만하다.'라는 말이 절로 나왔다.

"다리 근력이 좋으면 뇌 기능도 좋다는 최근 연구 결과도 있다. 스티브

스(Steves, 2016) 등은 운동 능력과 뇌의 노화 과정에 영향을 주는 주요 인자들을 고려해 나이 43~73세 사이의 여성 쌍둥이 324명을 대상으로 뇌 인지 기능과 다리 근력을 측정했다. 10년 후 324명 참가자를 대상으로 10년 전과 동일한 측정을 한 결과, 10년 전 다리 근력이 약할수록 뇌 인지 기능도 더 많이 저하된 것으로 나타났다. 또한 324명 중 일란성쌍둥이 20쌍의 MRI와 fMRI 검사를 통해 쌍둥이 중 다리 근력이 좋았던 사람이 10년 후에도 뇌 용적과 뇌 건강도를 반영하는 회백질이 잘 유지되고 보존됐으며, 뇌 활성도도 훨씬 좋았다. 이러한 결과는 다리 근력이 튼튼하면 뇌의 인지 장애를 예방해 뇌 건강에 큰 도움이 될 수 있음을 의미한다."

한국뇌과학연구원이 개최한 '제1회 브레인 아카데미아—심준영, 국제뇌교육종합대학원 교수편' 강연 내용 중 일부이다.

걷기나 조깅 같은 유산소 운동과 더불어 근육의 중요성도 유념해야 한다. 근육 운동은 움직임이 적은 사무직이나 학생, 그리고 노인들에게 특히 필요하다. 나의 지인들도 퇴근 후 필라테스나 요가 수업에 참여한다. 체력 뿐 아니라 스트레스 해소에도 큰 도움을 받는다고 한다.

운동이 뇌에 미치는 영향을 좀 더 구체적으로 알아보자. 인간의 뇌에는 바닷속에 사는 해마와 비슷하게 생긴 해마가 있다. 해마는 새로운 기억을 형성하는 학습과 연관되어 있다. 그리고 우리가 잠을 자는 동안 기억을 정리한다. 운동을 하게 되면 신체 전반의 혈액순환이 좋아지고 뇌로 가는 혈류량도 많아진다. 충분한 산소를 공급받은 해마는 더욱 잘 활성화 된다. 해마가 잘 활성화 되면 새로운 신경망이 형성된다. 그리고 새로운 신경망 덕분에 기억하기 좋은 시스템으로 만들어진다.

누구나 한 번쯤은 이런 경험을 했을 것이다. 누군가와 대화를 할 때 특정 단어가 떠오르지 않거나 주차한 장소를 잊어버린 적도 있을 것이다. 나는 심지어 TV 리모컨을 냉장고에 넣은 적도 있었다. 또한 만성염증으로 혈액순환 장애가 심해져 인지기능이 크게 저하되었다.

"진희야, 점심 먹었니?" 엄마가 물으셨다. 그 순간 기억이 나질 않았다. 나는 곰곰이 생각하게 되었다. '밥 먹었니?'의 질문에 이렇게 곰곰이 생각할 일은 아니었다. 이 보다 더한 일도 있었다. 나는 둘째 아이의 생일을 며칠 전부터 기억하고 있었다. 하지만 기억이 난 것은 생일날 아침도 아닌 오후였다. 둘째가 하교하기 직전이었다. '어이구, 내가 정말 못살아.'라며 머리를 쥐어뜯었다. 아이를 데리고 부랴부랴 케이크를 사러 갔다.

하필이면 그 빵집은 예약주문을 해야만 케이크를 살 수 있었다. 다행히 빵집 사장님께서 저녁 때까지는 꼭 만들어주시겠다고 약속했다. '아, 다행이다.'라고 안도의 한숨을 돌렸다. 해피엔딩으로 끝나는 드라마를 본 기분이었다.

운동을 하게 되면 신경세포의 활성뿐 아니라 호르몬 방출도 더 잘된다. 우리의 뇌에는 신경전달물질이라 불리는 호르몬들이 있다. 파킨슨과 밀접한 관련이 있는 도파민은 의욕, 행복 등과 같은 감정 활동에 관여를 한다. 만약 도파민이 부족하게 되면 무언가를 하고 싶다는 의욕이 저하된다. 그리고 학습속도와 정확도에도 부정적인 영향을 미친다.

뇌의 거의 모든 부위에 작용하는 노르에피네프린(노르아드레날린)은 주의력, 기분, 통증, 수면 등에 관여를 한다. 이 물질이 부족하면 우울증과 집중력 부족이 나타난다.

"슬픔을 극복하기 위해서는 행복호르몬인 세로토닌 수치를 높일 수 있도록 노력해야 합니다."라고 세로토닌 문화 원장인 이시형 박사는 말한다. 현재 이시형 박사는 힐리언스 선마을 이라는 곳의 촌장이다. 내가 원광디지털대학원 자연건강학과 재학 당시 이곳을 방문한 적이 있다.

힐리언스 선마을은 국내 최초의 힐링 리조트이다. 자연 속에서 웰에이징(well-aging)을 위한 건강한 식습관, 마음습관, 운동습관을 체험할 수 있는 곳이다. 다녀온 후, 가장 기억에 남았던 것은 종자산 잣나무 숲길 걷기였다. 산림 치유사의 숲 해설과 함께 산을 올랐다. 숲에서 나오는 신선한 공기와 오랜만의 운동으로 기분이 상쾌했다.

"아, 정말 좋다."라는 말이 여기저기서 들려왔다. 함께 간 학우들의 행복한 웃음소리도 들렸다. 나지막한 산을 오르고 숲길을 걸었을 뿐인데 몸도 마음도 가벼워졌다. 아마도 박사님이 말씀대로 행복호르몬인 세로토닌 분비가 많이 되었나 보다.

"행복한 삶을 모호한 생각이나 자세의 개념보다는 구체적인 행동방식으로 이야기하니 도움이 많이 됩니다." 이시형 박사가 저술한『행복도 배워야 합니다』에 나오는 말이다. 구체적인 행동방식 중에서 세로토닌과 관련된 이야기가 나온다. 이 책에서는 햇빛을 받으며 산책하기, 일정한 근육의 수축·이완을 반복하는 리듬운동을 권유하고 있다. 그리고 복근을 이용한 심호흡도 강조한다.

"우리 사회에서 불안과 우울증의 수준이 높아지는 것과 근력이 약한 사람의 비율이 증가하는 것 사이의 연관성을 의심하게 한다. 정적인 생활습관이 불안으로 이어지고, 근력운동이 자존감을 높이고 정신질환 증세를 개선한다는 사실로 볼 때 연구가 필요한 시점이 온 것 같다."라고 영국의 과학 저널리스트 캐럴라인 윌리엄스가 지은 『움직임의 뇌과학』에서 말하고 있다.

움직임이 예전에 비해 훨씬 줄어든 생활환경 속에서 반드시 필요한 것이 바로 운동이다. 신체와 정신은 분리 되어 움직이는 것이 아니라 서로 영향을 주고받는다. '건강한 신체에서 건강한 정신이 나온다'는 말은 진리이다. 기지개 펴기, 이불 개기 등과 같은 소소한 것이나 식후 가벼운 산책으로 시작해보는 건 어떨까?

반복을 통하여 마음 습관도 바꿀 수 있다

해야 할 일을 미루고 스마트폰만 하다 하루를 보낸 적은 없는가? 누구나 한 번쯤은 이런 경험이 있을 것이다. 아무것도 하기 싫고 잠만 자고 싶을 때도 있다. 만사 귀찮은 무기력을 누구나 경험한다. 무기력을 발생시키는 원인은 다양하다.

신체적 원인으로는 피로나 자가 면역 및 대사 질환 등이 있다. 정신적인 원인으로는 우울, 불안 및 부정적인 사고방식 등이 있다. 그리고 자신이 통제 불가능한 상황으로 인해 오는 경우도 흔하다.

"회사의 도산이나 편집증적인 상사 때문에 해고 위기에 처한 직장인에게 회사의 사정이나 상사는 자신의 힘으로 어찌할 수 없는 요소다. 마찬가지로 부모의 강압적인 태도와 열심히 공부해도 오르지 않는 성적에 막막해하는 수험생, 등록금과 생활비 부담이 과중해 아르바이트를 해도 대출금이 자꾸 느는 대학생, 불경기로 밤낮 열심히 공부해도 고배를 마시는 취업 재수생 등 많은 사람들이 자신의 노력과 행동이 영향을 미치지 못하는 상황에 좌절감을 맛본다."

대한민국 제 1호 인지과학 박경숙 박사가 쓴 『문제는 무기력이다』의 인용문이다.

스스로의 노력에도 불구하고 통제할 수 없는 상황이 있다. 이럴 때도 우리는 무기력에 빠지게 된다. '아무리 노력한다고 해도 불가능이야, 이건 내 손을 떠난 일이야, 소용없어.'라는 말을 종종 한다. 고구마 100개를 먹은 것처럼 가슴이 답답할 때가 있다.

내가 만난 사람들 중에서 최고로 솔직한 친구가 있다. 언니는 나를 무척이나 아끼고 좋아한다. 우리는 소위 말하는 사이다 발언을 서로에게 잘한다. 요즘 바빠서 만나지 못했더니 언제 보냐며 재촉했다. 언니는 "언제 볼 거야?"라는 문자를 3일 연속으로 보냈다. 정말 귀여운 언니다. 나는 언니 집으로 초대되었다. 언니는 나에게 차 한 잔을 주었다.

"진희 씨, 이거 비타민 폭탄이래. 진희 씨 오면 만들어주고 싶었어."라고 말했다. 언니와 나는 발전적인 대화를 나누었다. 그리고 언니는 책 속의 좋은 구절도 나에게 보여주었다. "진희 씨, 이거 내가 최근에 읽었던 책인데, 내가 왜 요 모양 요 꼴인지 이제야 알았어!"라는 말에 나는 빵 터졌다.

"진희 씨, 내가 왜 성공을 못했는지 이제야 알았어. 내 마음습관에 문제가 있었던 거야."라며 자신의 사고방식에 대한 문제를 제기 했다. 언니는 돌아온 싱글이며, 두 아이를 키우고 있다. 얼마 전 아이들이 이혼 사실을 알게 되었다고 했다. 언니가 자초지종을 설명했다. 첫째 아들이 언니의 전 남편 휴대폰으로 게임을 하고 있었다. 소개팅 사이트에서 계속 전 남편 휴대폰으로 문자를 보낸 것이다. "더 이상 숨길 수가 없을 것 같아서 사실대로 이야기 했어."라고 언니는 말했다.

나는 아이들의 반응이 너무나 궁금했지만 먼저 묻지 않았다. 언니가 먼저 얘길 꺼냈다. "태민이가 '엄마 다리 제모해야지.'라고 하더라. 그래서 내가 '왜?'라고 물었더니 '아빠랑 재혼해야지.'라고 하길래 너무 웃겼어." 나는 또 다시 빵 터졌다. 언니도 함께 웃었다. 언니는 이혼에 대한 아이들의 반응을 염려해 그동안 말하지 못했다. "애들한테는 엄마는 아빠와의 공간분리가 필요해서 이혼을 하게 됐어. 그래서 엄마는 지금 행복해라고 말했어."라고 했다.

흔히 우리는 이혼을 부정적인 시각으로 바라본다. 하지만 언니는 이혼에 대한 생각습관을 달리한 것이다. 언니는 이혼에 대한 부정적인 감정을 긍정적으로 바꾼 것이다. 언니의 자녀들 역시 긍정적이다. 언니는 아이들과 함께 밝게 성장하고 있다. 내가 바뀌면 세상이 달리 보인다. 이것은 진리다.

인지과학자 박경숙 박사가 쓴 『문제는 무기력이다』라는 책에 이런 말이 나온다. "내적 통제 성향인 사람들, 즉 어떤 일의 결과가 자신의 노력 부족 탓이라고 믿는 사람은 쉽게 무기력에 빠지지 않지만, 어떤 일의 결과가 운명이나 주변 여건 탓이라고 생각하는 외적 통제 성향인 사람들은 무기력에 빠지기 쉽다고 보고했다. 어떤 일을 자기가 노력해 바꿀 수 있고, 결과를 통제할 수 있다고 생각하는 마음과 개인의 노력이 아닌 운이나 주변 환경에 따라 결과가 달라진다고 믿는, 자신의 노력이 아무런 영향도 미치지 못한다는 마음의 차이가 그렇게 만든다는 것이다."

나는 나를 사랑하지 않는 생각습관을 가지고 있었다. 나는 가족들과의 갈등이 생기면 결국 내 탓으로 돌렸다. 이러한 생각습관 때문에 나 스스로를 힘들게 한다고만 믿었다. 하지만 박경숙 박사의 책을 통해 나의 관점을 바꾸어보았다. 나는 내적 통제 성향을 가진 사람이다. 덕분에 나는 무기력에 빠지기 보다는 책에 빠졌다.

책 속에서 나의 부족함 점이 무엇인지 찾으려고 애썼다. 우리는 남 탓만 하는 사람들을 무조건 비난하면 안 된다. 외적 통제 성향을 가진 사람들인 것이다. 독자들은 어느 성향을 가지고 있는가. "지피지기면 백전백승."이라는 명언이 있다. 자신을 알면 자신의 마음습관을 바꿀 수 있다.

우리 속담에 "말 한마디에 천냥 빚을 갚는다."라는 말이 있다. 요즘 품격 없는 말을 하는 사람들이 많다. 자신의 지위나 상대의 약점을 이용해 갑질을 한다. 말을 어떻게 하느냐에 따라 조력자에서 원수가 될 수 있다. 우리는 살면서 품격 없는 말을 하는 사람들을 종종 만난다. 나 역시 떠오르는 사람이 있다. 부와 풍요는 가졌지만 성숙하지 못한 인간이었다. 타인 위에 군림하면서 약자들을 지배하려는 욕망이 있었다. 그리고 자신을 추종하지 않으면 막말을 일삼았다. 내 인생 최악의 인물이었다. 그날의 기억은 희미한 흉터로 남아 있다. 하지만 나는 그 흉터를 영광의 상처로 생각했다.

나는 생각을 바꾸는 생각을 하는 동안 마음의 통증이 있었다. 하지만 나는 최악의 막말을 내 생애 최고의 동기부여 에너지로 바꾸었다. 부정에너지를 재활용하여 긍정에너지로 재탄생시켰다. 그것은 바로 신재생에너지와 비슷하다. 나의 마음습관을 위한 그린에너지이다. 나는 이렇게 마음을 고쳐먹었다. 나는 너무 통쾌했다. '그래, 결국 내가 이겼구나! 잘했어.'라며 나를 칭찬했다.

"오늘날 비즈니스 세계의 많은 인물들도 그와 유사한 동기를 갖고 행동한다. 그들은 돈이라는 무기를 동원하여 타인을 짓밟고, 타인을 지배할 권력을 얻으려 투쟁하려는 과정에서 수많은 사람들의 삶을 망가뜨린다. 운명과 환경의 주인이 되기 위해 다른 사람들 위에 올라가 지배력을 행사해야 한다고 착각하지 말라."

웰레스 워틀스가 쓴『소중한 나를 부자로 만들어 주는 지혜』의 인용문이다. 월레스 워틀스는 1860년에 태어났다. 그리고 그는 많은 실패를 겪으며 가난하게 살았다. 하지만 강한 긍정마인드로 삶에 의지를 놓지 않았다. 결국 그는 부자가 되는 원리와 방법을 터득하고 성공하였다. 이 책은 부자가 되는 지혜를 담은 책이다. 하지만 나는 이 책을 통해 마음 부자가 되는 지혜를 얻었다. 그리고 큰 성공도 할 것이다.

나는 최악의 말을 들었지만 분노하지 않았다. 나의 마음을 나쁜 감정으로 오염시킬 수 없었다. 나는 월레스처럼 긍정의 힘을 최대한 이용하였다. 나는 건강한 마음습관을 만들었다.

습관이라는 것은 반복을 통해 만들어진다. 매일 아침 눈을 뜬 후, 일상생활의 패턴을 생각해보자. 매일 똑같은 자리에서 일어나고, 똑같은 자리에 눕는다. 직장인, 주부, 학생들 모두 어제의 일상을 반복하고 있다. 우리는 바로 과거를 반복하며 살고 있다. 오늘은 어제를 사는 것이고, 오늘은 내일을 사는 것이다.

세계적인 강연가 조 디스펜자의 저서 『당신이라는 습관을 깨라』에서 이렇게 말한다. "똑같은 생각을 하고 똑같은 행동을 하며 똑같은 감정을 매일 경험하면서 어떻게 인생에 다른 것이 나타나기를 기대할 수 있을까?"

무슨 일이든지 처음이 어렵다. 첫 경험의 성공을 그냥 반복하면 된다. 우리가 어제를 살았던 것처럼!

07

나의 생존을 위해 타인과 공존하라

우리 동네에는 마석가구 공장 사장님이 운영하는 카페가 있다. 천마산이 보이는 뷰맛집이다. "내가 조용한 카페를 아는데, 문자로 주소 보내줄 테니 여기서 만나요."라고 김 선생님께서 제안하셨다. 김 선생님은 나의 동네 이웃이다. 나는 조언을 구하기 위해 선생님을 만났다.

내가 화도읍으로 이사를 온 지 1년이 다 되어간다. 하지만 가구공단 안에 이런 멋진 카페가 있을 거라고는 상상도 못했다. 여기서 만나자고 한 선생님께 고마운 마음뿐이었다. 선생님은 학교와 기관에서 강의를 하신다. 선생님은 사회복지 전문가이다. "진희 씨, 정말 운이 좋군요. 남양주

시에서 15명만 선착순으로 지원해주는 거였는데….”라는 선생님의 말씀을 듣는 순간 놀랐다. 선생님은 내가 필요한 부분을 잘 긁어주셨다. 그리고 선생님의 사회복지에 대한 열정도 느낄 수 있었다.

선생님은 특히, 노인복지에 대한 이야기를 많이 해주셨다. 나는 현재 40대 중반이다. 우리 세대가 누리고 있는 사회기반시설에 대한 언급을 하셨다. 이러한 사회기반을 마련한 세대가 바로 60·70대 어르신들이다. “진희 씨, 최근에 안타까운 언론 보도가 있었어요. 초고령화 시대의 도래로 인한 세대갈등에 대한 이야기였어요. 그런데 노인들을 젊은 세대의 짐으로 초점을 맞춰서 보도를 했어요.”라고 뉴스기사에 대한 아쉬움을 표현하셨다.

“사실 지금 젊은 세대들이 누리고 있는 것들은 대부분 어르신들이 만들어 놓으신 건데….”라고 덧붙이셨다. 나는 갑자기 얼마 전 대학원 수업 내용이 떠올랐다. “김 선생님, 정말 신기해요. 얼마 전 대학원 수업 중 교수님이 똑같은 말씀을 하셨어요.”라고 나는 말했다. 실버 세대와의 공존은 바로 우리 세대의 생존이다.

“1인 가구 급증으로 주거 안정. 돌봄 시급해진 대전”이라는 제목으로 연합뉴스 2022년 5월 2일자로 올라온 양영석 기자가 쓴 기사가 올라왔다. 기사의 주요 내용은 아래와 같다.

"대전의 1인 가구는 가파르게 늘고 있다. 2010년 13만4천 가구에 불과했던 1인 가구는 2020년 22만8천 가구로 증가했다. 같은 기간 청년(20세~39세) 가구는 6만8천 가구에서 11만3천 가구로, 노인(60세 이상)은 2만8천 가구에서 두 배가 넘는 5만8천 가구로 급증했다."

"청년 1인 가구의 사회적 고립감, 외로움 등을 해소하기 위한 커뮤니티 공간을 확충하고, 요리 배우기 등 다양한 사업을 통해 사회적 관계를 구축할 수 있도록 지원해 나갈 예정이다. 특히, 가파르게 증가하는 1인 노인 가구에 대한 지원을 강화해 자살, 고독사 등을 예방하는데 행정력을 집중할 계획이다."

김 선생님이 이런 말씀을 나에게 하셨다. "은퇴한 실버세대의 능력을 발휘할 수 있는 기회를 어떤 방식으로든 만들면 좋을 것 같아요." 기사 내용처럼 세대별 맞춤 지원사업도 필요하다. 그리고 청년세대와 실버세대를 통합하는 사회적 관계망의 필요성을 느낀다. 친언니 역시 1인 가구이다. "너는 애들 때문에 힘들 수도 있지만 나는 정신질환이 올까 봐 무서워."라고 나에게 말했다. '혼자 보다 둘이 낫다'는 옛말이 생각난다.

나의 20대는 파란만장했다. '젊어서 고생은 사서도 한다.'는 말처럼 나는 고생을 자처했다. 국토대장정이 유행했던 시기가 있었다. 그때 즈음, 나는 도보여행을 계획하고 있었다. 온라인 도보여행카페에 가입을 했다. 부모님의 걱정을 뒤로 한 채 실행에 옮겼다. 대구에서 경기도에 위치한 출발지로 향했다. 도보여행 코스는 경기도 임진각에서 통일전망대까지였다. 도보여행 1일 차에는 그냥 호기심으로 가득했다. 2일 차부터 발에 물집이 잡히는 사람이 생겨났다.

처음에는 함께 걷다가 점차 거리 격차가 생기기 시작했다. 나는 마음이 잘 맞는 언니와 함께 걸었다. 몸이 지칠수록 대화도 줄어들었다. 그리고 대원들의 컨디션도 제각각이었다. 경기도 북부지역은 군부대가 많았다. 나는 함께 걷던 언니와의 격차가 벌어지면서 혼자 걷게 되었다. 누구나 혼자만의 시간이 필요하다.

육체적인 고통으로 대원들은 점점 지쳐갔다. 아무 말 없이 혼자 걷는 것이 다들 편했다. 하지만 시간이 흐를수록 외로움과 고립감이 밀려왔다. 산길을 걷다 보니 인적이 없었다. 산에서 들려오는 새들 소리만 들렸다. 이윽고 군부대가 보였다. 너무 반가웠다. 한걸음에 부대 정문에 도착했다. 군인 아저씨가 놀라서 물으셨다. "무슨 일로 오셨습니까?", "임진각에서 출발해서 도보여행을 하고 있어요."라고 대답했다.

깊은 산속에서 사람을 본 것만으로도 위로가 되었다. 몸은 여전히 힘들었지만 기분은 좋아졌다. 그 순간 대원들이 너무 보고 싶었다. 언니에게 전화를 걸어 위치를 확인하고 다시 대열에 합류했다. 여행의 막바지에 이르자 다들 녹초가 되었다. 하지만 통일전망대를 걸어서 통과한다는 사실에 대원들은 설렜다. 통일전망대 초소에 도착했을 때의 기분은 지금도 생생하다. 초소 군인들의 숙소에도 들어갔다. 군인 아저씨가 개인사물함에 숨겨둔 건빵을 꺼내주셨다. 건빵 한 봉지에 이렇게 행복할 수가! 도보여행을 통해 소중한 사실을 깨달았다. 사람은 혼자서는 살 수 없다. 타인과의 공존이 바로 나의 생존인 것이다.

2022년 4월 20일 유튜브 브레인 셀럽 채널에 올라온 영상의 일부내용을 소개하고자 한다. "집에만 있으면 일찍 죽을 확률이 높아진다"라는 제목이다. 대인관계가 뇌와 건강에 미치는 영향에 대해 이야기한다. 『처음 만나는 뇌과학 이야기』의 저자 양은우 작가는 이 영상에서 오감을 차단하고 일주일 지냈던 실험을 소개한다. 선글라스로 시각을 차단하고, 백색소음으로 청각을 차단하는 등의 오감차단에 대한 실험이다.

피 실험자는 대부분 이틀 만에 실험을 포기했다. 이 실험을 통해 양 작가는 코로나19로 인한 고립 생활의 문제점을 강조한다. 타인과의 교류가 없으면 뇌가 자극을 받지 못해서 우울증이나 무기력이 온다고 한다. 고립된 생활을 하는 사람은 일찍 죽을 확률이 일반 사람들에 비해 50% 정도가 높아진다고 한다. 그리고 비만이 될 확률도 높아진다.

청소년들 역시 코로나19로 인한 고립으로 우울감을 경험했다고 토로한다. 어느 특정 연령층의 문제가 아니라 사회 전반적인 문제이다.

"뇌과학 분야에서 가장 앞선 국내 3대 연구기관인 한국과학기술연구원, 기초과학연구원, 한국뇌연구원은 사회적 고립과 스트레스에 의한 정신질환을 극복하는 공동연구에 나섰다. 뇌과학 분야 국내 3대 연구기관이 공동의 목표로 협력연구를 진행하는 것은 처음이다."

동아일보 2021년 4월 16일에 올라온 김민수 기자가 쓴 "코로나 우울증 잡기 위해 뇌연구 어벤저스가 뭉쳤다"라는 기사 내용의 일부이다. 이렇듯 국가 차원에서의 연구가 진행되고 있다. 구체적인 정신질환 발생 매커니즘의 규명이 필요하다. 그리고 연구 결과에 맞는 적절한 치료법도 개발해야 한다. 각 세대별 증상과 원인을 분류하는 작업도 중요하다. 4차 산업혁명으로 대면 교류가 줄어들면서 오는 고립도 고려해야 한다.

그리고 실버세대의 능력을 재창출할 수 있는 프로그램도 만들어야 한다. 청소년, 중장년층의 정신질환 극복을 위한 실버세대의 역할은 무엇일까? 그 역할을 어떻게 필요한 직업적 역량으로 바꿀 수 있을까?

"한 아이를 키우려면 온 마을이 필요하다. 아이들이 꿈을 키우며 자랄 수 있도록, 든든한 울타리를 만드는 이웃이 필요합니다. 작은 것부터 나누며 서로 돌보며 어울려 사는 것이 인생이라는 것을 가르쳐주는 이웃들의 이야기를 통해 어려움과 고난 속에서도 사람은 성장하고 변화한다는 진리를 배울 수 있습니다."

앞의 내용은 마을커뮤니티 카페, 『하품』에 게시된 글이다. 나는 갈산동이라는 마을에서 사돈에 팔촌까지 함께 모여 살았다. 마을 개울 빨래터에서 어르신들과 함께 빨래했던 기억이 있다. 동네 노래자랑, 씨름 대회 등을 개최하며 오순도순 더불어 살았다. 버스 한 대를 놓치면 1시간을 기다려야 했지만 그 시절이 그립다. "진희야, 내가 니 업고 다녔는데 기억 나나?"라며 갈산동에 함께 살던 팔촌 고모가 물었다. 나는 그냥 미소로 대답했다. 오순도순 더불어 살았던 그 시절이 그립다.

PART 5

다시 의욕의 끈을

잡고 있는

당신에게

01

불안은 스트레스 면역력을 키워준다

과거 인간의 스트레스는 짐승에게 쫓기거나 주어진 자연환경에서 살아남는 것이었다. 하지만 지금은 차원이 다르다. 우리는 생존 경쟁이 치열한 삶을 살고 있다. 오죽하면 스트레스는 만병의 근원이라는 말도 있을까! 예나 지금이나 인간의 삶에 스트레스는 항상 존재한다.

스트레스는 피할 수 없으므로 잘 관리해야 한다. 스트레스 관리법은 다양하다. 트위터 창업자 잭 도시는 자신의 일상을 스스로 통제 가능한 상태로 단순화 시켰다. 아인슈타인은 회색 양복만 입고 다녔다. 아마존의 창업자 제프 베조스는 밤 10시면 잠자리에 든다. 이는 충분한 수면으로 집중력을 높이기 위함이다.

"스트레스 자체는 건강에 해롭지 않다. 스트레스가 해롭다고 생각하는 사람에게만 해롭다."라고 심리학자 켈리 맥고니걸은 말했다. 대부분의 사람들은 스트레스가 해롭다고 생각한다. 나 역시 스트레스는 해소해야 하는 나쁜 것으로 생각했었다. 한편 적당한 긴장감은 집중력을 높여주는 긍정적인 효과도 있다.

세 아이의 장난감과 옷들로 집이 점점 좁아졌다. 나는 좁아지는 공간에 대한 스트레스를 받고 있었다. 아이들의 재잘대는 소리는 나에게 좋은 스트레스였다. 하지만 좁은 공간을 뛰어 다니는 아이들의 모습은 그야말로 스트레스였다. 나는 감당할 수 없는 스트레스로 괴로웠다. 이것을 해결할 수 있는 방법은 큰 집으로의 이사였다.

나는 밤잠을 설치며 집을 알아보기 시작했다. 빌라, 아파트, 주택 청약 등 최대한 많은 방법 등을 동원했다. 서울 및 경기도 일대를 샅샅이 뒤지며 철저한 사전조사를 했다. 나는 모든 수단과 방법을 총동원했다. '돈이 없어도 이사는 꼭 가고 만다'는 다짐으로 에너지를 쏟아부었다.

남양주로 지역을 확정한 이후, 그 지역에 있는 부동산을 미리 선택하여 방문하기로 결정했다. 부동산 대표의 사진을 보고 인상부터 파악했다. 그리고 최근 거래내역을 조사했다. 마음에 드는 부동산을 찾았다.

"안녕하세요?" 나의 첫 부동산 방문이었다. 부동산 대표는 나를 반갑게 맞아 주었다. "제가 괜찮은 곳으로 몇 군데 찾아 놨어요. 실장님이랑 잘 보고 오세요!"라는 말에 나는 설렘 반 긴장 반 이었다.

나는 살면서 한 번도 아파트에 살아 본 적이 없다. 실장님은 지하 주차 장으로 가는 지름길로 나를 안내했다. 나는 정신이 없었다. 어디가 어딘 지 내 눈엔 다 똑같아 보였다. 정신없어 하는 나에게 실장님이 말했다. "집을 둘러보러 다니는 게 힘드시더라도 많이 보는 게 좋아요. 그래야 좋 은 선택을 할 수 있어요."

집을 다 둘러보고 난 후, 다시 우리는 부동산으로 향했다. 사무실에서 기다리고 있던 대표가 나에게 물었다. "어느 집이 맘에 드세요?" 나는 대 답을 할 수 없었다. 막상 집들을 둘러보고 나니 혼란스러웠다. 나는 대표 에게 물었다. "어디가 좋을까요?"

나는 그녀가 추천해준 곳으로 결정했다. 1년이 채 안 되어 살 곳을 마 련하게 되었다. 이번 일을 계기로 스트레스에 대한 나의 관점은 달라졌 다. 스트레스는 긍정의 힘을 가지고 있었다. 스트레스는 '이사'라는 나의 목표를 달성하게 해준 원동력이 되었다.

"1998년 미국의 한 연구소는 3만 명을 대상으로 지난 한 해 경험한 스 트레스가 큰지를 물었다. 또 '스트레스가 건강에 해롭다고 믿는가'라는 질문도 했다. 8년 뒤 연구원들은 설문 참가자의 사망 위험을 추적했다. 높은 스트레스 수치를 기록한 사람들의 사망 위험은 43% 증가했다. 그런데 눈길을 끄는 또 다른 결과가 있었다. 높은 스트레스 수치를 기록했어도 스트레스가 해롭다고 믿지 않는 사람들의 사망확률은 증가하지 않은 것. 이들의 사망 위험은 스트레스를 거의 받지 않는다고 기록된 사람들보다도 낮았다. 연구원들은 사람을 죽음으로 몰아가는 요인이 스트레스 그 자체와 스트레스는 해롭다는 '믿음'이 결합할 때 일어나는 현상이라고 결론지었다."

동아일보 2016년 1월 21일 자에 올라온 장재웅 기자가 쓴 기사이다. 기사 제목은 "스트레스 지수 높아도 해롭지 않다고 믿으니 놀라운 결과가…"이다. 나의 개인적인 경험이 없었다면 기사 내용을 믿기 힘들 없을 것이다. 나는 어디에선가 아래와 같은 글귀를 본 적이 있다.

"스트레스는 '스'자로 시작하여 '스'자로 끝난다. 스스로 만들어 내고 스스로 해결해야 한다."

우리가 가지고 있는 스트레스에 대한 관점을 다시 생각해볼 필요가 있다. 기사에 나온 연구결과가 일리가 있다. 스트레스 상황을 어떤 관점으로 대처하느냐에 따라 약 혹은 독이 될 수 있다. 스트레스의 긍정효과를 경험해 볼 기회를 만들어보는 건 어떨까!

내가 가장 힘들었던 스트레스는 사람으로부터 오는 것이었다. 직장 내 인간관계, 가족 간의 불화 등 모두 사람 때문이었다. '나는 진실한 마음으로 상대를 대했는데 왜 나한테 그럴까? 나는 잘못한 것이 없는데 왜 그랬을까?'라는 생각으로 힘들었던 시기가 있었다.

나는 법정 스님의 '함부로 인연을 맺지 마라'는 명언이 있다. 나는 이 명언 속에서 나의 고민에 대한 해답을 찾았다.

우리는 인연을 맺음으로써

도움을 받기도 하지만

그에 못지않게 피해도 많이 당하는데

대부분의 피해는 진실 없는 사람에게

진실을 쏟아부은 대가로 받는 벌이다.

나는 사람들이 내 마음과 똑같다는 착각을 하며 살았다. 나는 편협한 사고방식을 가지고 있었다. 문제 해결 의지가 강한 나는 가만히 있을 수 없었다. 인간관계에서 오는 고통의 원인을 내 안에서 찾기로 마음먹었다. 나는 책을 읽기 시작했다. 그리고 법정 스님의 말씀을 접하는 순간 깨달았다. 문제의 해답은 정말 내 안에 있었다.

"진희야, 너는 사람들을 좋게만 생각하는 습관이 있어. 그 사람이 좋은 사람인지 왜 네가 미리 판단하는 거야? 네가 그렇게 믿고 싶어서가 아닐까!" 오랫동안 나를 봐온 친구가 말했다. 나는 '내가 믿고 싶은 대로 믿고 살아 왔다'는 사실을 깨달았다.

"나는 그 언니한테 정말 서운해요. 내가 얼마나 잘해줬는데 어떻게 그럴 수 있어요? 너무 속상해서 잠도 제대로 못 잤어요." 동네 옷가게 사장님이 나에게 하소연을 했다. 그녀는 사람 때문에 힘들어했다.

남녀노소를 불문하고 우리는 매일 사람 때문에 스트레스를 받는다. 청평의 어느 카페에서 나는 엄마와 언니를 만났다. 세 모녀가 오랜만에 만나 신나게 수다를 떨었다. 최근 사람 때문에 힘들어하는 언니에게 나는 이렇게 말했다.

"인간관계에서 오는 스트레스는 피할 수가 없잖아. 우리가 바이러스와 공존해야 하는 것처럼. 그러려면 우리 스스로가 이에 대한 면역력을 키우는 방법밖에 없어. 면역력이 강할수록 우리 몸에 침범한 바이러스는 무력해지지. 그리고 면역력은 누가 만들어주는 것이 아니라 스스로 만드는 것이지."

가만히 내 얘기를 듣고 난 후, 언니는 이렇게 말했다. "일리가 있네." 스트레스의 힘을 자신의 면역력을 키우는데 써보자!

02

당신의 가치는 당신이 만드는 것이다

우리는 환경오염을 줄이기 위해 버려진 쓰레기를 재활용한다. 그리고 폐기물을 활용하여 새로운 상품으로 재탄생시킨다. 이것이 바로 업사이클이다. 업그레이드(Upgrade)와 리사이클(Recycle)의 합성어이다.

한국일보 2022년 2월 19일 자에 올라온 김세인 기자가 쓴 글이다. "썩으려면 450년, 버려진 마스크가 할아버지 돋보기안경으로"라는 기사 내용의 일부이다.

"코로나19 이후 마스크 사용량은 급증했다. 2021년 국민권익위원회의 조사에 따르면 하루 2,000만 개 이상의 마스크가 버려지고 있다. 연간으로 셈하면 73억 개 이상이다. 현재 환경부 방침은 한 번 사용한 마스크는 종량제 봉투에 넣어 일반쓰레기로 배출하는 것이다. 그러나 마스크의 주원료로 알려진 '폴리프로필렌'은 소각할 경우 독성물질인 다이옥신이 나온다. 땅에 묻었을 때는 완전히 썩기까지 약 450년 걸리는 것으로 알려졌다. 따라서 마스크의 재활용 가치는 높다."

마스크를 재활용하여 새로운 상품을 만들어낸 디자이너가 있다. 업사이클링 리빙 디자이너 김하늘 씨는 폐마스크 관련 뉴스를 보았다. 그는 폐마스크로 인한 환경오염 문제의 심각성에 충격을 받았다. 플라스틱으로 만들어진 마스크를 재활용해보기로 결심했다. 그는 플라스틱이 재활용 되는 과정을 공부하였다. 마침내 그는 견고하면서도 예쁜 의자를 만들었다. 그의 노력은 성공적이었다.

폐기물이 그의 손을 거치면서 가치 있는 상품으로 탈바꿈되었다. 사람은 누구나 가치를 창출해내는 능력을 가지고 있다. 그 능력을 잘 이용하는 사람은 자신의 가치를 높일 수 있다.

나는 양육 스트레스로 인해 우울했던 적이 있다. 반복되는 일상생활에 나는 점점 지쳐갔다. 만성스트레스로 인해 무기력이 찾아왔다. 무표정 했던 날들이 많았다. 삶에 의욕이 없었던 나를 다시 일으켜준 것은 바로 공부였다. 건강, 부동산, 동기부여 등 여러 분야의 책을 읽기 시작했다. 내가 읽은 책들과 석사과정을 통해서 얻은 지식은 다시 나를 웃게 만들었다. 커피에 중독되듯이, 나는 지식 쌓기에 중독되었다.

책에 대한 나의 갈망은 점점 더 심해졌다. 이런 나를 지켜보던 친구가 말했다. "진희야, 너 요즘 책 사재기 하니? 책에 중독된 것 같아!" 나는 뒤통수를 한 대 맞은 기분이었다. '아! 내가 그랬구나!' 나는 책을 사랑해서가 아니라 도피처로 삼았던 것이다.

"현재 너의 지식과 경험은 충분히 가치가 있어. 단지 스스로 가치를 만들어내지 못하고 있을 뿐이야." 친구는 현실적인 조언을 해주었다. 나는 스스로 가치를 만든다는 생각을 해본 적이 없었다. "도대체 무슨 말인지 잘 모르겠어." 친구에게 물었다. "언제까지 아이들만 키우고 있을 거야? 너도 이제 네 인생 살아야지." 친구는 사회로의 진출을 권유했다.

아직 어린 셋째를 두고 사회생활을 시작한다는 것은 나에게 꿈만 같았다. 나는 고민에 빠졌다. '현재 나의 상황에서 가치를 만들어낼 수 있는 것은 무엇일까?' 몇 개월의 시간이 흘렀다. 마침내 한 가지 아이디어가 떠올랐다. 그것은 바로 책을 쓰는 것이었다.

"근데 진희야, 책을 좋아하고 많이 읽는 사람들은 나중에 책도 쓰더라." 동아리 친구가 나에게 했던 말이 생각났다. 이 친구의 말은 나의 결심에 힘을 실어 주었다.

나의 첫 시도는 전자책이었다. 왜냐하면 전자책 시장의 진입장벽이 낮았기 때문이다. 전자책을 쓰고 유명해진 선생님께 용기 내어 연락을 드렸다. "선생님, 혹시 만나서 조언을 좀 구할 수 없을까요? 꼭 부탁드릴게요." 나는 간절히 부탁했다. 이윽고, 선생님께서 답변을 주셨다. "원래는 만나서 상담을 안 해드리는데, 너무 간절하신 것 같아서 일단 만나 뵙기로 했어요." 선생님은 흔쾌히 수락하셨다.

선생님은 진심으로 현실적인 조언을 해주었다. 그 분의 따뜻한 마음과 책에 대한 열정을 고스란히 느낄 수 있었다. 선생님의 조언대로 나는 종이책을 쓰기로 했다. 그리고 나는 삼남매엄마에서 작가가 되었다. 누구나 살면서 다양한 경험을 한다. 그것을 글로 쓰면 책이 되고, 말로 하면 강의가 된다. 그리고 유튜브나 인스타그램에 올리면 콘텐츠가 된다.

"당신은 '크림'이라는 단어를 들으면 제일 먼저 무엇이 떠오르는가? 만약 당신이 10~30대의 여성이라면 화장품을 떠올릴 것이다. 그러나 화장에 관심이 없는 10대 또는 20대의 남성이라면 아이스크림을 떠올릴지 모른다. 제과업계에 종사하는 사람이라면 빵이나 케이크를 장식하는 크림을 떠올릴 것이고, 아침마다 면도하는 남성이라면 면도 크림이 떠오를 것이다. 이렇게 단어 하나 가지고도 사람들은 자신의 상황과 환경에 따라 서로 다른 이미지, 즉 자신의 '관념'을 이끌어낸다. 결국, 우리가 무엇보다 경계해야 할 것은 고정관념이다."

'한 달에 월급 열세 번 받는 남자'라는 수식어를 가진, 박용후 대표의 저서 『관점을 디자인하라』의 인용문이다. 우리는 각자 자신만의 신념을 가지고 있다. 신념은 주변 상황에 흔들리지 않고 중심을 유지하는 데 도움을 준다. 하지만 이것이 지나치게 되면 자신이 무조건 옳다고 생각한다.

고정되어 있는 것은 변화되기 어렵다. 고정된 자세에서 볼 수 있는 것은 시야에 들어오는 딱 그만큼이다. 하지만 유연한 마음은 다양한 세상을 볼 수 있게 해준다. 나는 내가 열린 사고방식을 가진 사람인 줄 알았다. 하지만 그건 나의 착각이었다.

최근 SSST(Standard&Situation Stengths Test)라는 강점 찾기 검사를 했다. 이 검사는 내가 해본 검사들과는 사뭇 달랐다. 타인과 오랫동안 알고 지낸 지인들이 나에 대한 설문을 작성해주는 것이었다. 의외의 결과가 나왔다.

　'내가 리더형 인재라고? 사업가 기질이 강하다고?' 나는 당황스러웠다. 나는 한 번도 사업자가 되어야겠다는 생각을 해본 적이 없다. 더욱이 나는 사업가 체질은 절대 아니라고 생각하며 살았다. '내가 나를 너무 모르고 살았나보다!'

　나는 사업은 아무나 하는 게 아니라며 스스로 한계를 만들어놓았다. 나는 나의 가치를 스스로 만들지 못했다. 그러면서 사람들이 나의 가치를 몰라준다며 핑계 대며 살았다. 라디오에서 들었던 말이다. "젊은 사람들에게 회사는 구속이지만, 은퇴하고 나면 울타리였다는 것을 알게 된다." 나는 직장인의 삶을 그려왔다. 아마도 나는 울타리 안에서 안정감을 느끼고 싶었나 보다.

　"나 이제 술 안 마셔."라고 친구 진영이에게 말했다. "야, 나중에 너 사람들이 '허 대표, 한잔합시다.'라고 하면 어떡하려고?" '내 인생에 그럴 일이 있을까?' 나는 그런 일은 없을 거라고 생각했다. 그런데 검사 결과에서 이런 결과가 나오다니 정말 당황스러웠다.

가치의 사전적 정의는 '사물이 지니고 있는 쓸모'이다. 그리고 '대상이 인간과의 관계에 의하여 지니게 되는 중요성'을 뜻한다. 자본주의 사회에서의 가격은 가치평가이다. 나는 누군가로부터 이런 질문을 받았다. "허진희 씨는 자신의 가치를 돈으로 환산한다면 어느 정도 라고 생각하세요?" 살면서 이런 질문은 처음이었다.

질문이 신선하기도 했고, 낯설기도 했다. 나는 질문에 답을 할 수 없었다. 그동안 전혀 생각해본 적이 없기 때문이다. 이 질문을 지금 다시 받는다면, 나는 바로 대답할 수 있을까? 우리 함께 이 질문에 대한 답을 생각해보자! 나의 가치는 내가 만드는 것이다.

03

당신은 스스로의 감정 보호자이다

I

　국민 멘토 법륜스님은 유튜버이다. '법륜스님의 희망 세상 만들기' 채널은 83만 명의 구독자를 보유하고 있다. 스님은 행복학교도 운영 중이다. 남녀노소 세대를 아우르며 울림을 주고 있다.

　"전생에 자꾸 뭐였느냐, 우리는 어떤 관계였느냐 어떤 관계는 어떤 관계 원수지! 이생에 원수면 전생에도 뭐다? 원수!"

　스님은 영상에서 위와 같은 말을 하셨다. 이 말을 듣는 순간 나는 웃음이 터졌다. 인생을 살다 보면 '내가 무슨 죄를 지었기에….'라는 생각을 한 번쯤은 하게 된다. 남편과 자식, 시댁 식구들 또는 사회에서 만난 인연 중에서 떠오르는 사람이 있을 것이다.

우리는 태어나면서부터 인간관계를 맺는다. '가족이 아니라 원수다 원수' 혹은 '저 사람은 나와 전생에 원수였을 거야!'라는 말로 감정을 표현한다. 나도 이런 생각에 사로잡혀 살던 때가 있었다.

대한민국에서 가장 고질적인 갈등은 무엇일까? 바로 고부갈등이다. 결혼한 친구들 역시 모두 고부갈등을 겪었다. 단 한 명도 예외는 없었다. 지금은 시어머니를 문 여사님이라고 부른다. '시어머니'라는 단어에서 오는 불편한 감정을 해소하기 위해 호칭을 바꿨다. 하지만 시어머니에게서 전화가 오면 나는 '어머니'라고 부른다. 친구들과 이야기할 때는 문 여사님이라고 지칭한다.

나는 내 눈을 의심했다. 외출하고 돌아와 보니, 내 휴대전화에 부재중 전화가 많이 와 있었다. '긴급한 상황이었을까!' 가슴이 철렁 내려앉았다. 급한 마음에 얼른 부재중 전화를 확인했다. 모두 시어머니로부터 걸려온 전화였다. 시어머니의 성격은 불같이 급하다. 그리고 상대방에 대한 배려가 전혀 없었다. 요즘은 많이 배려해주신다. 그리고 예전보다 많이 느긋해지셨다. '10년이면 강산도 변한다'는 옛말은 정말 사실이었다.

시어머니는 자신의 감정을 보호하기 위해 마음을 바꾸셨다. 10년간의 경험을 통해 스스로 터득하셨다. 결혼 초기에는 갑과 을의 관계였다. 당연히 갑은 시어머니였다. 나는 화가 나도 시어머니에게 내 감정을 솔직하게 얘기할 수 없었다. 그 당시의 시대적 분위기가 그랬다.

나는 화병을 경험하면서 더 이상은 참을 수가 없었다. 그래서 몇 년 전, 어느 날 터트리고 말았다. 나의 언성이 높아졌고, 시어머니의 언성도 함께 높아졌다. "지금 전화 들어와서 끊어야겠다!" 시어머니는 더 이상 내 말이 듣기 싫으셔서 끊으시려고 하셨다. 나는 그것을 눈치 채고 이렇게 말했다. "어머니, 그 전화 받지 마시고, 제 말을 끝까지 들으세요!"

수년 간 참아왔던 감정이 활화산처럼 터져 나왔다. 시어머니는 내 말을 끝까지 들어주셨다. 내 속이 후련해지는 것 같았다. 하지만 시간이 지날수록 후회스러운 마음도 들었다. 감정만 앞세워 제대로 마음을 표현하지 못했다. 나는 내 감정을 보호하려다 시어머니의 감정을 다치게 한 것 같았다. 현재의 시어머니는 '당신의 손주들을 키우고 있는 며느리'의 입장이 되어 나를 이해해주신다.

서울대학교 행복연구센터에서는 '되어야 하는 자기'와 '되고 싶은 자기'에 대해 연구를 진행했다. 이것은 행복과의 연관성 실험이었다. 타인의 기준에 맞추려고 하는 사람들보다 자신이 원하는 삶을 살 때 행복하다는 결론을 내렸다.

나는 40대 중반이 되어서야 비로소 깨달았다. 나는 사회가 원하는 기준에 맞추고, 타인의 기대에 부응하기 위해 살았다. '왜 이제야 이 사실을 깨달았을까!' 나는 나를 안다고 착각했었다. 나는 열등감은 없었다. 그리고 자신감도 없었다. 자신감은 자신을 믿는 마음이다. 내가 스스로를 믿었다면 내가 원하는 것을 찾아다녔을 것이다. 열등감도 자신감도 내가 만든 것이다. 자신이 원하는 곳에 열정을 쏟은 사람은 결국 행복해질 수밖에 없다. 행복과 불행은 자신의 마음습관에 달려 있다.

며칠 전, 둘째 아이의 받아쓰기 시험지를 나에게 주기 전 이렇게 말했다. "엄마가 조금 놀랄 수도 있어." 나는 설마 하는 심정으로 시험지를 건네받았다. 0점이었다. 나는 다시 시험지를 훑어보았다. 확실히 0점이었다.

둘째 아이는 타인에게 비치는 자신의 모습을 중요하게 생각한다. 평소 이러한 기질을 알고 있었기에 섣불리 반응할 수 없었다. "어떤 단어를 모르고 있는지 엄마랑 확인해보고, 공부하자."라고 아이에게 말했다. 나는 우리 아이들을 또래 친구들과 비교하지 않는다. 시험점수보다 자신이 무엇을 모르고 있는지가 중요하다.

이번에는 첫째 아이의 담임 선생님으로부터 전화를 받았다. "어머니, 가영이는 학교생활을 잘하고 있어요. 교우관계도 원만하구요. 그런데 아직 구구단을 모르는 것 같아요. 단원평가하기 전에 어머니가 데리고 가르쳐주세요." 첫째 아이는 초등학교 3학년이다.

나는 첫째를 데리고 구구단을 왜 배워야 하는지부터 설명했다. 해야 하는 것으로 규정짓기보다는 배워야 하는 이유를 스스로 깨닫게 해주고 싶었다. 초등학교 3학년이 구구단을 모른다며 친척들이 한마디씩 했다. "아이고 가영아, 누구는 19단 까지 외운다는데…." 남들과의 비교는 아이의 성장에 전혀 도움이 되지 않는다. "19단 까지는 외울 필요 없고, 이것만 하면 돼. 이제는 더 이상 미루지 말고 외우자!" 나는 가영이를 설득했다. "너는 집중력이 좋기 때문에 금방 외워. 한글도 금방 익혔잖아. 엄마가 쉽게 설명해줄게." 나는 칭찬을 해주었다. 그리고 얼마 지나지 않아 가영이는 구구단을 다 외웠다.

"사회 비교와 사회적 유대는 우리를 지탱해주는 두 개의 강력한 욕구이다. 우리는 타인과의 비교를 통해 자신의 의견과 행동이 적절한지 적절하지 않은지를 끊임없이 확인한다. 때로는 자기보다 못한 사람과의 비교를 통해 자존감을 회복하기도 한다. 또 한편 우리는 타인과의 유대를 통해 가장 근본적인 문제인 외로움을 해결한다. 만일 사회 비교와 사회적 유대가 충돌한다면 어떻게 해야 할까? 행복한 사람들은 이런 상황에서 어떤 선택을 할까?"

서울대학교 행복연구센터 최인철 센터장의 저서 『굿 라이프』의 인용문이다. 대한민국 국민이라면 반드시 생각해봐야 하는 질문이다. 왜냐하면 경제수준에 비해 한국인은 행복지수가 낮기 때문이다. 이것을 증명하기 위해 서울대학교 행복연구센터와 고려대 심리학과 김학진 교수 연구팀과 공동 연구를 진행했다. 한국인의 마음 습관은 과연 어땠을까?

뇌영상촬영(fMRI)을 통해 얻은 결과에 따르면 한국인의 뇌는 '비교하는 뇌'였다. 한국인은 타인의 점수가 자신의 것보다 낮으면 뇌의 보상 영역이 강하게 활성화되었다. 뇌의 보상 영역은 즐거움을 느낄 때 활성화되는 부위이다. 맛있는 음식을 먹거나 내기에서 이길 때 반응을 한다. 한국의 비교문화를 탓하기보다는 연구결과를 인정해야 한다. 그리고 개선하기 위한 노력을 기울어야 한다.

열등감, 자존감 그리고 자신감은 항상 자기 안에 존재하고 있다. 비교하는 마음의 습관은 열등감을 가져온다. 열등감은 자존감을 떨어뜨린다. 그리고 자기 학대를 하게 된다. '그래, 내가 그렇지 뭐. 또 작심삼일이었구나!'

'그래, 내가 원하는 삶을 살아보자. 내가 해낼 수 있는 작은 것부터 시작하자.'라는 마음으로 시작해보자. 이것이 바로 자신을 사랑하는 방법이다. 작은 습관이 소소한 성공을 가져온다. 그리고 자신감은 뒤이어 따라온다. 자신은 어떤 마음 습관을 가진 사람인가? 타인에 휘둘리지 말고 스스로의 감정보호자가 되자!

04

남보다 당신에게 먼저 공감하라

나는 어렸을 적부터 휴먼다큐멘터리를 좋아했다. 또래 친구들은 주로 연예인이나 드라마에 열광했다. 하지만 나는 배우 박신양 말고는 좋아하는 연예인이 없었다. 나는 열심히 살아가는 세상 사람들에게 더 흥미를 느꼈다. KBS 인간극장을 보면서 울기도 하고 웃기도 했다. 나는 세상 사람들로부터 위안을 얻은 것 같다.

"저기 학생, 7번 출구가 어디야?" 보따리를 들고 계신 낯선 할머니가 물으셨다. 대구에서 처음 서울로 올라와 살았을 때, 지하철역 출구 찾기가 힘들었다. 무거운 짐을 들고 계신 할머니가 안타까웠다. 나는 시간에 쫓기고 있었지만, 잠시 머뭇거리다 할머니를 도와드리기로 결심했다. "할머니, 제가 출구까지 안내해드릴게요. 짐은 저에게 주세요." 할머니를 무사히 안내해 드리고 나니 마음이 편안했다.

KBS 인간극장 〈친절한 태용 씨〉 편을 평소보다 더 관심 있게 보았다. 태용 씨는 친절과 배려의 아이콘이었다. 대중교통 이용 시, 계단을 힘겹게 오르시거나 무거운 짐을 들고 가는 사람은 무조건 도왔다. 그리고 길거리에서 자고 있는 취객들도 도와주었다. 〈친절한 태용 씨〉편을 보면서 그의 마음을 조금 이해할 수 있었다. 나 역시 추운 겨울 길거리에서 자고 있는 취객을 위해 경찰에 도움을 요청했다. 우리 주변을 둘러보면 남의 일을 내 일처럼 생각하는 사람들을 볼 수 있다.

민감한 사람들은 남 걱정하느라 바쁘다. 주변 사람들의 기분도 잘 살핀다. 그리고 자신보다 남들의 기분을 우선시한다. 이것이 습관화되면 자신을 돌보는 방법을 잊어버린다. 타인을 도와줌으로써 내가 느끼는 행복은 분명히 있다. 하지만 주변 사람들의 삶의 무게까지 감당하다 보면 결국 자신도 지친다.

예민한 사람들은 타인의 고통을 자신도 모르게 자신의 것으로 생각한다. 아파하는 사람들의 도와주고 그들의 짐을 덜어주려 한다. 나는 예민한 엄마였다. "애들 걱정은 그만하고 너나 챙겨, 애들은 자고로 방목하는 거야! 엄마가 다 해주면 애들한테도 안 좋아." 할머니는 나를 걱정하셨다.

나는 'YES맘'이었다. 첫째와 둘째 아이가 아팠다. 신체적, 정신적으로 피곤해지면 증상이 심해졌다. 그래서 나는 아이들의 기분과 요구를 파악하기 위해 애썼다. 나는 자연스럽게 친절한 엄마가 되었다. 아이들의 행복한 모습을 보면 내 마음도 행복했다. 아니 행복하다고 착각했다. 아이들의 욕구는 점점 커져갔다. 나는 커지는 욕구를 감당해내느라 힘들었다. 어느 순간 아이들의 행복은 나의 피곤함이 되었다.

나의 친절함이 나 자신 뿐 아니라 아이들의 정서발달에도 영향을 주었다. 요즘 홈스쿨링을 하는 가정이 늘고 있다. 심지어 홈스쿨링 인터넷 강의 프로그램도 출시되었다.

채널A 〈요즘 육아 금쪽같은 내 새끼〉라는 프로그램에는 홈스쿨링을 하고 있는 가족이 나왔다. 유치원에서 겪은 친구와의 갈등으로 홈스쿨링을 택했다. 아이가 다니는 학원에 괴롭히는 형을 피해 반을 옮겨주었다.

"감정을 수용한다는 건 네가 그럴 때 상처받고 힘들 수 있다는 걸 수긍해주는 것이지 원하는 걸 다 들어주는 걸 수용이라고 생각하면 안 될 거같다. 원하는 걸 다 들어주는 건 소원성취다."라며 지나친 수용을 하는 엄마에게 오은영 박사는 말했다. 아이들의 정서발달은 부모에 의해 좌지우지된다. 나는 아이들이 스스로 감정조절을 할 기회를 주지 않았다. 갈등상황에 반응하고 대처하는 능력은 아이 스스로 키우는 것이다. 나는 친절한 엄마였지만 지혜롭지 못했다.

"나는 당신의 상황을 알고, 당신의 기분을 이해한다. 공감능력이란 사회도덕성의 핵심이다. 공감 능력이 뛰어나다면, 친구들과 원만한 관계를 맺을 수 있으며, 사회생활도 원만하게 잘하게 되어 행복한 삶을 살 수 있다."

블로그 '몸조리 맘조리'에 올라온 글이다. 예민함의 이로운 점도 있다. 주변 상황에 민감하게 반응하면 재빨리 대처할 수 있다. 민감함은 재능이 될 수 있다. 하지만 민감함을 타고난 사람들은 그것이 자신의 능력인지 깨닫지 못한다. 나는 삼남매 육아를 통해 나의 예민함이 단점이었다는 것을 알았다. 하지만 이제 나는 단점을 장점으로 승화시켰다.

"언니, 많이 바쁘시죠?" 예전 살던 동네 친구 현주에게서 전화가 왔다. "어, 현주야 오랜만이야!" 나는 반갑게 전화를 받았다. "언니, 요즘 어떻게 지내세요? 아이 셋 키우면서 그 많은 일들을 어떻게 하세요?, 정말 대단하세요!" 현주는 나의 안부를 물었다. "언니, 우리 언제 만나요?" 현주는 나를 만나고 싶어 했다. 내가 마석으로 이사 온 후, 현주를 만나지 못했다.

현주를 처음 만난 곳은 아파트단지 놀이터였다. 현주도 나와 같은 삼남매 엄마이다. 그 당시 코로나19로 인해 아이들은 등교를 하지 않는 날이 많았다. 현주는 세 아이를 가정보육하면서 많이 힘들어했다. 그 당시, 대부분의 엄마들은 하루를 1년처럼 보내고 있었다.

코로나 덕분에 현주와 나는 각자의 고충을 토로하면서 가까워졌다. "언니, 요즘 제가 싫어요. 애들한테 소리도 자주 지르고, 화를 참을 수가 없어요." 연주는 억눌렀던 감정을 나에게 털어놓았다. "나도 그럴 때가 있었지. 현주는 아이들을 많이 사랑하는 것 같아. 그런데 현주 자신은 사랑하는 것 같아?"라고 내가 물었다. 현주는 잠시 머뭇거렸다. 그리고 질문에 답을 하지 못했다. 그 순간, 나는 알았다. 현주에게 지금 필요한 것은 공감이었다. "현주야, 네 잘못이 아니야. 그럴 수 있지. 나도 그랬었거든." 현주는 가만히 듣고 있었다. 그리고 말했다. "언니, 요즘 정말 힘들어요. 제가 왜 그럴까요?" '아! 이제는 나에게 조언을 듣고 싶은 거구나!' 라고 나는 속으로 생각했다. 그리고 내 경험담과 해결방법을 설명해주었다. "언니, 고마워요!" 현주는 나에게 감사함을 표현했다. 이런 감사함이 나에게 긍정에너지로 되돌아왔다.

나는 예민함을 덜어내고, 공감능력을 채웠다. 자신의 단점과 장점은 동전의 양면과도 같다. 상황에 맞게 적절히 잘 사용하면 된다. 공감능력이 뛰어난 사람은 이타적이다. 그리고 마음의 여유도 있다. 공감능력은 경쟁사회를 살아가는 데 필요한 능력이다.

"모든 인간은 평화와 공감을 이룰 능력을 갖고 있습니다. 내 경우가 특별한 것은 아닙니다. 나는 단지 이러한 좋은 인간 품성을 발전시키려 하기보다 많이 노력하고 더 크게 시도할 뿐입니다. 그래서 나는 이 상을 받게 된 것입니다. 그러나 모든 사람이 다 그 같은 능력을 지니고 있습니다."

노벨상 수상자 달라이 라마의 수상소감의 발췌이다. 나는 달라이 라마의 생각에 동의한다. 모든 사람은 공감을 이룰 능력을 가지고 있다. 먼저 자신에게 친절한 사람이 되자. 그리고 타인에게 친절하자. 나는 예민함을 덜어내고 공감능력을 키워왔다. 하지만 그 능력을 타인을 위한 배려와 위로에 주로 사용했다. 나는 왜 내 자신에게 먼저 쓸 생각은 못했을까!

책을 읽으면서 세상을 배우고, 책을 쓰면서 나를 알아간다. 바쁜 일상을 보내고 있지만 마음이 풍요로워진다. 달라이 라마의 말처럼 모든 사람은 공감능력이 있다. 그 능력을 자신에게 먼저 써보길 바란다.

05

타인에 대한 배려는 당신을 회복시킨다

남양주 도농동에서 2년 정도 살았다. 석촌동 빌라에서 살다가 아파트로 이사를 했다. 내 생에 첫 아파트에 입주였다. 아파트 주민들과도 서로 인사하며 정겹게 지냈다. 6개월 즈음 지났을 무렵, 첫째 아이가 놀이터에서 친구를 사귀었다. 이후, 아이의 친구 엄마와도 우연히 인사를 하게 되었다. 놀이터에서 자주 보다 보니, 서로 가깝게 지내게 되었다.

우리 집은 첫째 아이 친구들의 아지트였다. 나는 간식도 만들어주고 밥도 차려주었다. 마음씨 좋은 이웃 주민들 덕분에 아이들이 신나게 놀았다. 같이 놀고, 밥도 먹고 하다 보니 아이들끼리 정이 많이 들었다.

나는 자연경관이 좋은 마석으로의 이사를 계획하고 있었다. 이를 알게 된 아이들은 난리가 났다. 그리고 아이들의 친구들도 서운해했다. "얘들아, 아줌마가 이사 가면 집에 초대할 테니 꼭 놀러와." 나는 아이들을 다독였다. "경진 씨, 운전면허 있죠? 애들 데리고 우리 집에 놀러와요." 친하게 지내던 아이의 엄마에게 말했다. "언니, 장롱면허예요." 경진 씨가 말했다. "그럼 내가 도로연수 도와줄게요." 나는 망설이는 경진 씨에게 용기를 주었다.

얼마 후, 경진 씨와 나는 도로연수를 위해 아파트 입구에서 만나기로 했다. 그런데 약속 시각이 지나도 경진 씨는 나타나지 않았다. 게다가 경진 씨의 휴대전화는 꺼져 있었다. 나는 갑자기 불안해졌다. 그리고 경진 씨가 걱정되었다. '도대체 무슨 일이 생긴 걸까?' 추운 날씨에 발을 동동 구르며 기다렸다. 아침 차가운 공기에 몸이 으슬으슬 추웠다.

나는 더 이상 기다릴 수 없었고, 집으로 다시 돌아왔다. 나는 소파에 앉은 채로 연락이 오길 기다렸다. 기다리다 못해 다시 전화를 경진 씨에게 걸었다. 다행히 신호음이 들렸고, 경진 씨는 전화를 받았다. 나는 순간 화가 났다. '아니, 휴대전화를 충전했으면 바로 나한테 전화를 했어야 하는 게 아닌가!'

"경진 씨, 도대체 어떻게 된 거예요? 혹시 운전 연습하고 왔어요? 사고 난 건 아니죠?" 경진 씨에게 폭풍질문을 해댔다. "언니 만나기 전에 혼자 미리 연습하려고 나갔다가 길을 잃어버렸어요." 경진 씨는 미안하다는 말 대신 자초지종을 설명했다. 나는 더 화가 났다. "나는 무슨 일 생긴 줄 알고 약속장소에서 계속 기다렸는데…." 나는 사과를 받고 싶었다. "아니, 저는 기다리다 안 오면 먼저 집으로 돌아갔을 거라고 생각했어요."라는 경진 씨의 말에 나는 도저히 참을 수 없었다.

"기다리게 했으면, 미안하다는 말부터 해야지 계속 변명만 늘어놓고! 정말 화가 나네." 경진 씨에게 불같이 화를 냈다. 그제야 경진 씨는 이렇게 말했다. "언니, 미안해요." 나는 엎드려 절 받은 기분이었다. 그리고 경진 씨의 사과가 진심으로 와닿지 않았다. 나는 선을 넘었다. "이사 가면 초대 안 할 거야!" 경진 씨에게 이렇게 말하고 전화를 먼저 끊었다.

인간은 자기중심적이다. 나는 경진 씨의 말과 행동을 인정하지 않았다. 나의 기준으로 경진 씨의 행동을 판단하였다. 나는 경진 씨가 변명보다 사과를 먼저 하는 것이 옳다고 생각했다. 나는 경진 씨를 배려하지 못하고 화를 냈다. 그동안 나는 스스로를 배려심이 있다고 과대평가했다. '아! 나는 자기중심적인 사람이었구나….' 그제야 깨달았다.

발타자르 그라시안의 저서 『사람을 얻는 지혜』에서 다음과 같이 말하고 있다.

"스스로를 지혜롭다고 생각하는 것은 오히려 지혜와 멀어지게 만든다. 인간은 자신이 어리석다는 사실을 인정할 때 비로소 진정한 지혜에 아주 조금 가까이 다가가게 된다."

내가 어리석다는 사실을 인정하고 나니, 내 마음이 가벼워졌다. 나의 잣대에서 잘못된 타인의 행동을 지적하기도 했다. 남을 배려한다는 것은 쉬운 일이 아니다. 인간의 자기중심적인 본성을 먼저 인지해야 한다.

나는 배려를 잘하는 사람이라고 착각하고 살았다. '내가 그렇게 배려해 줬는데 나한테 어떻게 그럴 수 있을까?'라는 생각을 했었다. 내가 손해를 보더라도 상대방을 이해하자는 마음으로 살았다. 그래서 나는 스스로를 이타적이라고 생각했다.

"이타심의 특징은 사심 없는 행동으로서, 타인을 유익하게 하고, 감사나 대가 같은 외적 보상을 기대하지 않으며, 높은 자부심이나 더 나은 정서적 건강과 같은 내적 보상도 없는 것이다. 어떤 봉사나 희생의 행위도

순수하게 이타적이라 할 수 없다. 그 이유는 우리가 아주 작은 개인적 만족감만으로도 동기가 부여되고, 남들을 도운 후에는 약간의 자아 고양감을 느끼기 때문이다."

의료 인류학자 조안 할리팩스의 저서 『연민은 어떻게 삶을 고통에서 구하는가』에서 이타심에 대해 위와 같이 말하고 있다. 타인으로부터 배려를 받고 싶은 나의 마음을 모르고 있었다. 나는 은연중에 감사나 보상을 바라는 배려를 하고 있었다. 도움이 필요한 사람들을 도움으로서 스스로의 만족감을 느꼈던 것이다.

요즘 나는 부쩍 바빠졌다. 나는 어딘가에 집중하고 있을 때 방해받는 것을 무척 싫어한다. 여기저기서 나를 찾는다. "엄마, 첫째 누나가 때렸어!" 방문을 박차고 막둥이가 들어왔다. "엄마, 큰 누나 혼내줘. 엄마! 엄마!", "진희야, 택배 왔나?" 시어머니로부터 전화가 왔다. 문 여사는 나와 수다 떠는 것을 좋아한다. 나는 바빠서 통화를 빨리 끝내고 싶었다.

"어머니, 제가 요즘 좀 바빠요.", "그래, 끊자"라는 말이 채 15분이 지나지도 않아 다시 시어머니로부터 전화가 왔다. "진희야, 아까 통화하는데 목소리에 힘도 없고…." "요즘 제가 일이 많아서요. 괜찮아요. 걱정 마세요." 나는 생기 있는 목소리로 대답했다. 그제서야 문 여사는 안심이 되

있는지 전화를 끊으셨다.

불편했던 당신의 감정을 해소하기 위해 나에게 다시 전화를 한 것이었다. 나를 위한 행동은 아니었다. 바쁜 나를 고려했다면 다시 전화하지 않았을 것이다. 우리가 흔히 말하는 배려는 누구를 위한 것일까! 조안 할리팩스가 말하는 이타심에 대해 다시 한번 생각해본다.

타인이 아닌 나를 위한 배려였다는 것을 깨닫고 마음이 가벼워졌다. 정확히 말하면 홀가분해졌다. 타인의 시선을 중요하게 생각했던 나를 보았다. 이제는 남이 아닌 나를 보며 살기로 마음먹었다. 이미 몸에 밴 마음습관을 한 번에 바꿀 순 없다. '시작이 반이다.'라는 속담처럼 나의 깨달음에 감사한다.

평소 가던 미용실에 들렀다. 문을 열고 들어서자 의자에 앉아 있는 손님들이 보였다. '손님이 많은데 기다려야 하나? 예약시간 까지 10분밖에 안 남았는데….' 나는 불안한 예감이 들었다. 아이들만 집에 두고 나와 기다릴수록 초조해졌다. 긴장한 탓인지 배가 아파왔다. 나는 예약취소를 하고 집으로 돌아가야 할지를 고민했다. 예약시간 30분이 지나고, 드디어 내 차례가 되었다. "죄송해요." 미용실 원장님이 사과했다. 원장님의 얼굴에 미안함이 가득했다. 원장님 입장에서 생각해보니, 기다린 시간이 전혀 힘들지 않았다. "괜찮아요."라고 답했다. 나는 정말 괜찮았다.

　우리는 가식적인 행동을 어쩔 수 없이 할 때가 많다. 그리고 이런 행동은 스스로에게 스트레스를 준다. 자신의 생각에 대한 생각을 가만히 해보자. 내가 상대에게 한 행동이 과연 누구를 위한 것인지! 혹시 자신의 이기심을 이타심으로 착각하고 있는 건 아닐까? 착각 속에서 빠져나오면 진짜 내가 보인다. 인정하기 싫은 나의 모습을 인정하자! 그러면 무거웠던 갑옷을 벗은 듯 홀가분해진다. 그리고 행복해진다.

06

시련이 가져다준 고통은 지혜의 선물이다

|

‘시련은 축복이다.’ 내가 제일 싫어했던 말이다. 나에게 시련은 그저 피하고 싶은 고통이었다. 그리고 언제 끝날지 모르는 불안함이었다. 첫째와 둘째는 연년생이다. 이 둘은 시도 때도 없이 장소를 불문하고 싸웠다. 나는 아이들에게 소리를 지르기보다는 억누르는 편이었다. 나는 운전할 때 조심성이 많다. 그래서 이리저리 살피느라 정신이 없다.

이 날도 역시나 자매전쟁이 일어났다. 자매는 뒤에 앉아 있었고, 셋째는 조수석에서 잠을 자고 있었다. 말다툼 하는 소리가 점점 커졌다. 나는 차분한 말투로 아이들을 제지시켰다. "그만하자. 엄마 지금 운전하고 있어." 하지만 이 둘은 아랑곳하지 않았다. 나는 다시 아이들을 말렸다. 드디어 올 것이 왔다. 첫째가 둘째에게 펀치를 날렸다. 둘째는 소리를 지르면서 울었다. 나는 화가 폭발하기 일보 직전이었다. 자고 있는 셋째가 깰까 봐 노심초사였다. 극도로 예민해진 나는 그만 분노를 참지 못했다.

집에 도착하기 5분 전이었는데, 그만 나는 차를 돌렸다. 그리고 보도 위로 차를 주차했다. 그리고 뒷좌석의 차 문을 열고 첫째를 강제로 끌어내렸다. 둘째에게도 차에서 내리라며 다그쳤다. 아이들은 당황한 듯 나를 처다보았다. 나는 건너지 말아야 하는 강을 건넜다. 평소 첫째는 둘째가 생후 6개월부터 엄마 몰래 괴롭히기 시작했다. 그리고 7세가 되어서도 그 버릇은 고치지 못했다. 나는 첫째를 달래보기도 하고 혼내보기도 했지만 소용이 없었다. 나는 속으로 결심했다. '이번 기회에 첫째의 행동을 고쳐야겠어.' 나는 아이들에게 말했다. "둘이서 무엇을 잘못했는지 반성하고 있어!" 나는 길거리에 아이들을 두고 차에 탔다. 그리고 모퉁이를 돌아서 다시 그 자리에 왔는데 아이들이 보이질 않았다.

내 인생 최고의 불안감이 밀려왔다. 내 눈을 믿을 수가 없었다. 방금 이 자리에 있던 아이들이 순식간에 사라졌다. 도대체 어찌 된 일인지 상황파악을 할 수 없었다. 너무나 당황해서 온몸이 떨렸다. 나는 떨리는 목소리로 경찰서에 신고했다. "저기요, 애들이 없어졌어요. 여기 있었는데…." 신고를 하고 나는 다시 그 일대를 수색했다. 아무리 찾아도 아이들은 보이지 않았다.

경찰차와 소방차가 출동했다. "어머니, 혹시 아이들이 입고 있었던 옷 색깔이 뭐였어요?" 경찰이 물었다. 나는 머릿속이 하얘졌다. "어머니, 진정하시고 천천히 생각해보세요." 경찰이 다시 물었다. 그때서야 아이들의 인상착의가 생각났다. 우리는 그 일대를 샅샅이 뒤졌다. 여전히 찾았다는 소식이 없었다.

나는 낯선 번호로부터 전화 한 통을 받았다. "어머니, 여기 주민 센터입니다." 화장실이 급했던 아이들은 근처 주민 센터 건물 안으로 들어갔다. 볼일을 마친 아이들은 주민 센터 직원에게 전화를 걸어달라고 부탁을 했다. 나는 아이들의 신원을 파악하고 마침내 무사히 인도받았다. 지금도 생각하면 눈물이 나오려고 한다. 너무 아픈 기억이다. 하지만 나에게 지혜를 준 사건이기도 하다.

위기의 순간에는 누구나 이성적인 판단을 하는 것은 쉽지 않다. '등잔 밑이 어둡다'는 말처럼 아이들을 바로 내 눈앞에 두고도 보이지 않았다. 불안과 공포로 휩싸이면 해결방법을 찾을 수 없다. 나는 뼈저리게 느꼈다. 나는 여전히 그때의 시련이 가져다준 고통의 흔적은 있다. 하지만 감정을 통제하는 법을 배웠다. 그리고 불안감은 문제해결에 오히려 방해가 된다는 사실도 깨달았다.

나는 켈리델리 회장 켈리 최의 저서 『파리에서 도시락을 파는 여자』를 읽었다. 이 책에 매료되어 나는 단숨에 다 읽었다. 책의 내용은 충격적이었다. 신선한 충격이 아니라 정말 파격적이었다. 그녀의 실행력에 놀랐다. 그녀는 10억의 빚을 안고 새로운 사업에 도전하였다. 나의 상식을 뒤엎는 비현실적인 성공스토리였다.

그녀는 파리에서 사업을 시작했고 성공적이었으나 결국 실패로 돌아갔다. 그 결과, 남은 건 10억의 빚이었다. 그리고 평소 잘 지내던 사람들도 그녀 곁을 떠났다. 결국 그녀에게 우울증이 찾아왔다. 그녀의 우울증은 점점 심해졌다. '이번 생은 안 되나 보다.'라는 생각에 센강에 몸을 던지려고 했다. 그 순간, 고국에 계신 어머니가 생각났다. 그리고 마음을 돌렸다. 이때부터 그녀는 재기를 위해 힘껏 달렸다. 누구나 자본금이 없으면 사업할 엄두도 내지 못한다. 하지만 그녀는 달랐다. 죽음의 문턱 앞에서 돌아온 그녀의 의지는 자본금을 능가하는 힘을 가지고 있었다. 이것이 그녀의 뛰어난 실행력의 원동력이었다.

"켈리델리를 준비하며 2년 동안 100권의 책을 반복해서 읽고 실천했다. 나는 단지 100권의 책을 읽고 실천하는데 그치지 않고 그 사람들의 삶을 통째로 먹어버리겠다고 다짐했다."

그녀의 저서 『웰씽킹』의 인용문이다. 그녀는 『돈의 속성』의 저자 김승호 회장을 찾아갔다. 그의 사업운영방식 뿐 아니라 생활방식까지 배웠다. 그녀의 사업철학은 정말 탁월하다. 그녀는 정말 성공한 사업가의 삶을 통째로 먹어버렸다. 남다른 생각이 남다른 결과를 가져왔다. 그녀는 현재 유럽 11개국 1,200개 매장을 가지고 있다. 영국 선데이 타임스가 선정한 0.1%의 최상위 부자이다. 그녀는 엘리자베스 여왕보다 더 많은 재산을 보유하고 있다.

20대의 나는 책을 통해 스스로 무언가를 얻고자 했다. 그 당시, 세상은 혼란스러웠지만 책 속은 평화로웠다. 부모님은 나를 독립적으로 키우셨다. 문제해결 역시 스스로 알아서 하길 바라셨다. 나는 왜 켈리 최 회장처럼 누군가를 찾아갈 생각을 하지 못했을까! 20년 전에는 자격증 열풍이 불었다. 나의 동아리 선배는 20개의 자격증을 따고 취업에 성공했다. 우리는 요리사가 되기 위해선 무조건 학원을 등록해야만 하는 것으로 여겼다. 그리고 자격증은 필수코스였다. 배우고 싶은 분야의 대가를 찾아가보자는 생각을 전혀 하지 못했다. 켈리 최 회장은 무의미한 스펙 쌓기 보다는 이 방법을 추천한다. 나는 스펙 쌓기를 비난하려는 것이 아니다. 전반적인 사회 풍토가 이러한 방향으로 흘러갔으면 하는 개인적인 바람이다.

누구나 시련을 극복하는 방법은 하나씩 가지고 있을 것이다. 요즘 책을 쓰면서 나의 과거에 대한 반성과 후회도 한다.

가수 싸이가 부른 〈강남 스타일〉은 전 세계 사람들을 사로잡았다. K팝 열풍을 일으킨 싸이는 인기만큼이나 돈도 많이 벌었다. 하지만 싸이는 그 당시, 그의 인생에서 가장 불행했다. 싸이는 자신이 초심을 잃었기 때문이라고 설명했다. 〈강남 스타일〉의 큰 인기가 그에게 오히려 부담으로 다가왔다. 그리고 그는 월드 스타의 지위에 맞는 행동을 해야 했다. 그 결과, 그는 슬럼프에 빠졌다. 그는 슬럼프를 겪으면서 스스로에 대한 반성을 했다. 그리고 '딴따라'라는 직업을 좋아해서 시작했던 초심을 되찾았다. 현재는 자신이 하고 싶은 음악을 하며 꾸준한 인기를 누리고 있다.

네이버 국어사전에 따르면, 시련은 '겪기 어려운 단련이나 고비'를 뜻한다. 그리고 '의지나 사람됨을 시험해봄'이라는 뜻도 있다.

우리 자신은 시련을 어떤 관점으로 보고 있을까? 시련은 누구에게나 고통스럽다. 하지만 고통을 지혜로 바꾸는 것은 누구나 할 수 있는 건 아니다. 자신의 관점을 파악하고 있는 사람만이 지혜를 얻는다. 세상은 불공평하지만, 신은 공평하다. 시련이 가져다준 고통을 선물로 바꿀 수 있는 지혜를 함께 찾아보자.

행복하려면 스스로를 책임지고 사랑하라

한국인들은 스트레스를 참고 견디는 민족성이 있다. 스트레스를 제대로 풀지 못하면 화병이 된다. 화병은 세계보건기구에 정식으로 등록된 질병이다.

2022년에 발표된 세계행복보고서에 따르면, 우리나라의 국민 행복도 순위는 146개국 중 59위였다. 행복순위가 높다고 국민 개개인의 행복지수가 높은 것은 아니다. 왜냐하면 행복은 주관적인 개인의 감정이기 때문이다.

행복이라는 사전적 정의는 '우연히 찾아오는 복'이다. 하지만 행복이 정확히 무엇을 지칭하는 것인지 알 수 없다. 어떤 사람들은 일상생활의 소소한 기쁨을 행복이라고 정의한다. 나는 풍광이 멋진 카페에서 맛있는 커피 한잔이면 정말 행복하다. 그리고 햇살 가득한 날에 살랑살랑 움직이는 나무들을 보면 행복하다.

나는 편의점에서 파는 1,500원짜리 아이스 아메리카노를 자주 사 먹었다. 카페에서 파는 커피를 사서 먹기에는 형편이 여의치 않았다. 그래서 지인이 카페에서 사다 준 커피를 마시는 것은 행복 그 자체였다. 지금은 자판기 믹스커피 한잔을 건네도 행복하다. 내가 주관적으로 생각했던 행복의 기준이 과거와 많이 달라졌다. 요즘은 소소한 것에 대한 소중함과 감사함을 느낀다. 행복은 정의 내리기 힘든 단어인 것 같다.

한국인들이 경제수준에 비해 행복지수가 낮은 이유는 무엇일까? 우리가 행복을 한가지로 꼽아 정의 내리려고 했던 것은 아닐까! 내가 호주에서 만난 미국인과 유럽인들은 자신의 감정을 잘 표현했다. 반면 아시아 국가에서 온 친구들은 정반대였다. 그들은 감정표현이 서툴렀다. 아마도 유교의 영향을 받았던 국가들은 행동규범이 엄격했기 때문이 아닐까?

한국에서는 내가 싫은 질문을 마음껏 교수님께 하지 못했다. 하지만 호주에서 나는 소신 있게 내가 하고 싶은 발언을 했다. 나는 한국에서 불가능했던 표현의 자유를 누렸다. 다양성을 인정하는 사회 분위기와 행복지수는 분명히 관련이 있다.

우리는 사회적 분위기가 만들어놓은 행복을 쫓아가고 있는 건 아닐까? 현재 언론이 만들어내는 행복은 돈과의 연관성이 크다. 중학생 아이들에게 물었다. "너희는 꿈이 뭐니?", "돈 많은 백수예요."라고 대답하는 아이들이 많다. 이게 한국사회의 현실이다. 개인의 행복을 사회가 조장해서는 안 된다. 우리의 사회는 '하고 싶다'보다는 '해야 한다'를 강조한다.

"우리가 성공, 성취, 효용, 효율 등 무엇을 이루는 것에만 집착하게 순간적인 기분의 행복을 누릴지는 모르지만, 의미 있는 삶을 경험할 가능성은 줄어든다. 의미 있는 삶이란 자기다움의 삶이다."

서울대학교 행복연구센터 최인철 센터장의 저서 『굿 라이프』의 인용문이다. 우리는 자기다움의 삶을 잃어가고 있다. 자신이 타인의 개성을 존중하지 않으면, 나의 것 또한 존중받을 수 없다. 결국 우리 모두는 자기다움의 삶을 찾기 힘들 것이다. 행복은 국가 차원에서 보장해줄 수 있는 것이 아니다. 스스로 책임지고 사랑하는 것이다.

요즘 나는 무척 바쁜 일상을 보내고 있다. 일과를 하다 보면 어느새 셋째를 픽업하러 유치원에 가야 할 시간이 된다. 셋째는 남자아이다. 그리고 매우 활동적이다. "엄마, 나 운동장에 가서 놀고 싶어." 귀염둥이 셋째가 말했다. "그래, 그럼 조금만 놀다 가자." 어느덧, 30여 분이 지났다. "이제 가자, 엄마 바쁜데…." "엄마, 나 저거 하고 싶어." 쨍쨍한 오후, 햇볕 아래서 1시간을 아이와 놀아준다는 것은 쉬운 일이 아니다. 그리고 또 다시 30분이 흘렀다. "이제 가자! 엄마, 너무 힘들어. 그리고 우리 1시간이나 놀았어!" "그래, 알았어." 셋째는 엄마의 말에 수긍했다. '아! 살았다. 이제 집에 갈 수 있겠구나!' 나는 안도의 숨을 돌렸다.

나는 셋째와 단 둘이 시간을 보내면서 부쩍 자란 아이가 기특했다. 셋째는 정글짐에 매달려 나를 보며 웃었다. 그 모습이 정말 사랑스러웠다. 나는 미소가 절로 지어졌다. 그리고 둘이서 웃으며 사진도 찍었다. 나의 시간을 아이에게 내어주었더니 아이는 나에게 기쁨을 내어주었다. 나는 행복한 엄마다.

'BTS(방탄소년단)의 아버지'라고 불리는 빅히트엔터테인먼트 방시혁 대표는 모교 졸업식 축사에서 이렇게 말했다.

"지금 큰 꿈이 없다고, 구체적인 미래의 모습을 그리지 못했다고, 자괴감을 느끼실 필요가 전혀 없습니다. 자신이 정의하지 않은 만들어놓은 행복을 추구하려고 정진하시지는 마십시오. 오히려 그 시간에 소소한 일상의 한 순간 한 순간에 최선을 다하기 위해서 노력하시길 바랍니다. 무엇이 진짜로 여러분을 행복하게 하는지 고민하십시오.

남이 정해준 여러 가지 기준들을 쫓지 말고, 일관된 본인의 기준에 따라서 답을 찾을 수 있도록 미리 준비하십시오. 본인이 행복한 상황을 정의하고 이를 방해하는 것들을 제거하고 끊임없이 이를 추구하는 과정에서 행복이 찾아올 겁니다."

과거와 달리, 요즘의 현실은 더욱 가혹하다. 보통의 우리는 남이 정해준 기준에 맞추려고 노력한다. 그렇게 하지 않으면 불안하기 때문이다. 코로나19 이후, 침체된 고용시장과 물가상승으로 인해 불안함은 증폭되었다. 그러면서 동기부여와 관련된 서적과 영상이 쏟아져 나오고 있다.

우리는 동기부여를 위해 부자가 된 사람들을 쫓는다. 그리고 그들이 만들어낸 결과물에 찬사를 보낸다. 어떻게 부자가 되었는지에 대한 기술을 알고 싶어 한다. 과연 그들을 부유하게 만든 특별한 노하우가 있을까?

방시혁 대표를 비롯한 부자들에겐 공통점이 있다. 그것은 바로 매순간 최선을 다했다는 것이다. 그들은 미래를 위한 현재를 살기보단 오늘에 최선을 다했다. 보통의 사람들은 큰 목표를 세운다. 그리고 그 목표를 달성하기 위한 실행계획표를 만든다. 새벽 5시에 일어나기, 담배 끊기, 영어공부 매일 2시간 하기 등의 계획을 수립한다. 남들이 해야 한다고 하는 것들을 자신에게 적용시킨다. 이것은 성공을 위한 올바른 방향은 아니다. 행복을 위한 방향은 더더욱 아니다.

남이 정해준 틀이 아니라 자신의 틀을 만들어야 한다. 관점의 전환이 절실하다. 과거의 나는 부모님과 사회가 정해준 틀에 맞춰야 한다고 생각했다. 그리고 나는 그 틀에 맞추기 위해 열심히 살았다. 하지만 나는 성공도 행복도 얻을 수 없었다. 돌이켜보면, 그것은 당연한 결과였다. '열심히 살았는데 왜 나는 성공도 행복도 가지지 못했을까!' 나는 고민에 빠졌다.

고민에 대한 답을 찾느라 많은 시간을 허비했다. 정말 세상엔 공짜가 없다. 가만히 있으면 절대로 답을 얻을 수 없다. 나는 해답을 찾기 위해 최선을 다했다. 이 노력은 온전히 나를 위한 것이었다. 답을 찾는 과정 속에서 고통과 시련도 있었다. 하지만 답을 찾고 나니, 행복이 나에게 찾아왔다.

내가 겪었던 시련과 좌절은 행복이라는 선물을 주었다. '나의 행복은 내가 주는 것이지, 남이 주는 것이 아니었구나!'를 깨달았다. 스스로 찾은 행복은 나에게 에너지를 준다. 그리고 이 에너지를 이용해서 매 순간 최선을 다한다. 달성해야 하는 목표를 세우지 않아도 더 이상 불안하지 않다. 매 순간 최선을 다하다 보면, 그것은 자연스레 습관이 된다. 습관이 모여 원하는 모습의 자신이 만들어지게 된다. 마침내 자신을 사랑하고 있는 스스로를 느끼게 된다. 행복, 성공, 사랑은 서로 다른 것이 아니라, 같은 것이다.